HISTORIA
DEL CINE
ESPAÑOL

D1347622

Jean-Claude Seguin

HISTORIA DEL CINE ESPAÑOL

Traducción de
José Manuel Revuelta

ACENTO
EDITORIAL

Primera edición: octubre 1995
Sexta edición: abril 2003

Diseño de cubierta: Alfonso Ruano / César Escolar
Fotografía de cubierta: *¡Bienvenido, mister Marshall!*,
de Luis García Berlanga

Título original: *Historia du cinéma espagnol*

Obra publicada bajo la dirección de Francis Vanoye
© Éditions Nathan, 1994
© Acento Editorial, 1995
   Joaquín Turina, 39 - 28044 Madrid

Comercializa: CESMA, SA - Aguacate, 43 - 28044 Madrid

ISBN: 84-483-0090-4
Depósito legal: M-14249-2003
Preimpresión: Grafilia, SL
Impreso en España / *Printed in Spain*
Huertas Industrias Gráficas, SA

ÍNDICE

1. EL CINE MUDO (1896-1930)

1. LOS PIONEROS (1896-1913)

1.1. Ervin Rousby, Alexandre Promio y Eduardo Jimeno

Durante el mes de mayo Madrid vibra con San Isidro. La ciudad festeja, en efecto, el día 15 a su santo patrón y las corridas de la feria llenan los suaves atardeceres madrileños; la ciudadanía desciende ruidosa y festiva por la calle de Alcalá hasta el coso taurino. Pocos son los que saben que acaban de presentarse en Madrid, con pocos días de intervalo, los dos aparatos que hacen desfilar las «imágenes animadas»: el *animatógrafo* y el *cinematógrafo*. Y lo que también ignoran los madrileños es que está en marcha una carrera entre el aparato de los hermanos Lumière y el de Ervin Rousby. Este último, más rápido que sus rivales, efectúa un primer ensayo el 11 de mayo por la noche, a la salida de una representación del circo Parish, y presenta el *animatógrafo* del inglés Robert-William Paul. Al día siguiente, en el estreno, se ofrecen al popular público asistente las primeras imágenes de un programa formado sobre todo por documentales, más o menos exóticos, más algunas encantadoras imágenes como *La Bella Chiquita y sus danzas obscenas*. Sin apenas tiempo para reaccionar, el responsable del *cinematógrafo* convoca a la prensa el 13 de mayo y la primera sesión pública tiene lugar el 14, en los bajos del Hotel de Rusia convertidos en sala de proyecciones; el «todo Madrid», que se pasea no lejos de allí por las hermosas arterias del centro de la ciudad, se siente atraído por la novedad. En un primer momento la situación ventajosa parece inclinarse del lado de Rousby quien, con un aparato menos competitivo, se equipara al *cinematógrafo* durante casi tres semanas. Pero había que contar con la familia real y ésta parece decantarse por el *cinematógrafo*. El 6 de junio, la infanta Isabel descubre deslumbrada las imágenes animadas; el día 12 es la familia al completo la que asiste a una representación especial que cuenta con un programa de una cuarentena de piezas; y al fin, el 18, Isabel, de nuevo, se desliza discretamente entre los espectadores para ver una vez más las imágenes que discurren ante sus ojos. Demasiado para el *animatógrafo* y para el pobre Rousby que deja Madrid en busca de otros cielos más clementes, tal vez en Portugal. Ya sin competencia, el *cinematógrafo* conoce un nuevo despegue y pone fin a sus sesiones a mediados de julio tras dos meses de éxito.

Fue el lionés Alexandre Promio, de la casa Lumière quien, a principios del mes de junio, rodó probablemente la primera película realizada en España: *Plaza del puerto en Barcelona* (1896).

Otros operadores de la misma casa rodaron después otras imágenes en Barcelona (1897) y en Sevilla (1898) con motivo de la Semana Santa. Entre los primeros espectadores debió encontrarse Eduardo Jimeno Correas quien, entusiasmado por el espectáculo, decidió construirse un aparato tomavistas convirtiéndose así en el primer cineasta español de quien se tengan noticias al rodar, en octubre de 1896, *Salida de la misa de doce en la iglesia del Pilar de Zaragoza.* Comerciante como era, más que cineasta, se consagra a la proyección de imágenes animadas por el norte de España. Otra obra, anónima, *Llegada de un tren de Teruel a Segorbe,* presentada en Valencia el 11 de septiembre de 1896, es, sin lugar a dudas, la primera película realizada por un español.

1.2. Fructuós Gelabert

El catalán Fructuós Gelabert, padre del cine español, rueda, en agosto de 1897, la primera película de ficción: *Riña en un café.* Pese a que por encima de todo se dedica al reportaje y a los documentales sobre Cataluña, como *Procesión de las Hijas de María de la iglesia parroquial de Sants* (1902), obtiene sin embargo un éxito notable con la comedia *Los guapos de la vaquería del Parque* (1905), que describe con humor la situación imaginada por el propietario de un local poco frecuentado que para atraer a las gentes publica el siguiente anuncio: «Hermosa joven, un millón de pesetas de dote, desea esposar joven guapo y elegante. Presentarse en el local con una gardenia en la solapa». Centenares de petimetres se pasan por la vaquería ... siempre en vano. Con el tiempo Gelabert se interesa por el género dramático, adaptando *Terra Baixa* (1907) y *María Rosa*

(1908), del dramaturgo Angel Guimerá, y por los melodramas lacrimosos, muy arraigados en la época, como *Amor que mata* (1908), en el que una esposa abandonada envía cartas anónimas que llevarán a la muerte a la joven mujer de su antiguo amor. La llegada del sonoro pondrá fin a su carrera pese al éxito de su último trabajo *La Puntaire* (1927-28).

1.3. Segundo de Chomón

Segundo de Chomón, comparado con frecuencia a Méliès, con quien comparte el genio, fue un precursor. Este aragonés se embarca como voluntario para Cuba cuando la guerra está en su apogeo. De vuelta se dirige a París, donde entra en contacto con Charles Pathé para quien va a trabajar durante bastantes años. Su inmensa obra, probablemente más de 500 películas, comprende desde reportajes, como su *Ascensión al Montserrat* (1901), y documentales que combinan imágenes reales y trucadas, como por ejemplo *Choque de trenes* (1902), creando para la ocasión la primera productora conocida Macaya y Marro, hasta adaptaciones de cuentos populares como *La gallina de los huevos de oro* (1905). Pero da libre curso a su genio al filmar fantasías; en *El Hotel eléctrico* (1905-1908) pone a punto la técnica conocida como «vuelta de manivela», gracias a la cual los objetos parecen desplazarse movidos por no se sabe qué diabólico mago. Desplazamientos de cámara, caída vertical, vuelta atrás, encadenamientos, superposición de planos, sobreimpresiones, sustitución de personajes, todo es bueno para Chomón que pasa con facilidad de un truco a otro. Vuelve a Barcelona en 1910 y filma dramas, escenas históricas y zarzuelas como *Lo del puñao de rosas* (1910), en el que se ve al joven trabajador Tarugo triunfando sobre su rival el lechuguino Pepe y los obstáculos sociales que le impiden amar a la joven Rosario, hija del encargado. A partir de 1912 lo más importante de su carrera lo realiza en Italia; su genio hace maravillas en *Cabiria* (1913-14), de Giovanni Pastrone, donde dirige los efectos especiales. Una de sus últimas participaciones importantes fue su trabajo de trucos para la película de Abel Gance, *Napoleón* (1927), antes de su desaparición en París en 1929.

1.4. Del «cine de arte» a la españolada

A medida que van desapareciendo los hechizos que tanto encantan al público de los primeros tiempos, emergen los nuevos géneros. El rodaje de *Asesinato del Duque de Guise* (1908), de Le Bargy y Calmettes, de la sociedad Le Film d'Art, marca una etapa importante del cine. En España se comprende muy pronto el interés que puede tener el rodaje de adaptaciones literarias o las reconstrucciones artísticas. Bajo el impulso de su director respectivo, las productoras se lanzan a la aventura. Films Barcelona, la primera, orienta el cine de arte hacia el drama romántico en *La Dolores* (1908), de Gelabert. La Hispano Films, menos nacionalista, le sigue los pasos gracias a Alberto Marro y Ricardo de Baños que ruedan *Don Pedro el Cruel* (1911), donde se ve al rey de Castilla, célebre por su crueldad, tratando de frustrar una conspiración tramada por sus hermanos bastardos. Narcís Cuyàs rueda el primer *Don Quijote de la Mancha*, en 1910. El género sobrevivirá hasta el fin de la Primera Guerra Mundial.
El público, que deja ahora de lado el cine de arte, prefiere los nuevos géneros de moda como el melodrama realista o el drama costumbrista. El primero propone al público un modelo adulador con el que puede identificarse y una moral burguesa que comparte. Así, por ejemplo, *La Madre* (1911), de A. Marro y R. de Baños, que cuenta las desgracias de dos niños que por faltar al respeto a su madre son conducidos a un correccional; a su vuelta se les hace creer que la madre ha muerto y que una madrastra detestable ha ocupado su lugar; castigados y engañados los hijos encontrarán al final a su verdadera madre. Con tintes melodramáticos Gelabert rueda *Mala raza* (1912), que le trae problemas con la justicia por plagio, y las primeras coproducciones españolas: *Ana Kadowa* (1913) y *La lucha por la herencia* (1913). Por su parte, Film de Arte Español (1913), filial de la sociedad italiana Cines, explota el filón del melodrama y de la españolada. *Carmen* (1913), de Giovanni Doria, cuya argumento gira en torno a una corrida filmada en Valencia, vuelve a la carga con un tema ya tratado en 1911 por Marro y Baños en *Carmen o la hija del contrabandista*. Por su parte, *Sangre gitana* (1913), de Doria, nos devuelve una imagen arquetípica de la España folclórica.

1.5. Barcelona, primera capital del cine

Gracias a su dinamismo, Barcelona se convierte muy pronto en el centro industrial del cine. Los años 1906-1909 están marcados por una consolidación de las estructuras, y la creación de sociedades adecuadas permite una relativa estabilidad: Films Barcelona (1906), muy nacionalista, está dirigida por Gelabert; Hispano Films (1906-1918), de Baños y Marro, se caracteriza por su sentido comercial, por la búsqueda del espectáculo y del acontecimiento; Iris Films, por último (1910), está dirigida por el fotógrafo Narcís Cuyàs. Se producen importantes cambios debidos a la competencia extranjera, que representa casi el 90 % del mercado, y en parte también a los costes de producción —que han aumentado de un modo sensible mientras que los precios de las localidades están estancados desde hace quince años— y al sistema de alquiler de las películas que prospera en detrimento de la venta, lo que implica el pase, práctica que consiste en hacer circular las películas de sala en sala no pagando más que un sólo alquiler. Los años 1911-1914 son los de una lenta crisis, pese a que en Barcelona se producen 145 películas, de las cuales sesenta son documentales, y a la existencia de 17 sociedades, de las cuales solamente Hispano Films pasará la crisis sin demasiados agobios. No obstante, la pasión del público sigue creciendo y multiplicándose las salas pese a los repetidos ataques de la prensa burguesa y de los intelectuales que se sirven en concreto del incendio del Vila-Real (1912) para acusar a este espectáculo, demasiado popular y seria competencia para el teatro. Estos renovados ataques desembocarán finalmente en la promulgación de una ley de censura: la *Real Orden sobre censura previa* (29 noviembre 1912). Se asiste también a la instauración de los primeros impuestos sobre el cine y el espectáculo cinematográfico se modifica gracias al desarrollo de los largometrajes que transforman la organización de las sesiones.

1.6. Zaragoza, Valencia y Madrid

Tras veinte primeros años de cine dominados por Barcelona, aparecen ahora algunos francotiradores que desde otros lugares tratan de producir y de hacer cine. Ignacio Coyne y Antonio Tramullas sientan las bases de un cierto cine aragonés. El primero, propietario de un estudio fotográfico, va a contratar al segundo como operador del cronophone de la casa Gaumont. Tramullas comienza en Cataluña, rodando probablemente el reportaje *El desembarco de las tropas llegadas de Cuba* (1898), e instala numerosas salas de cine antes de volver a Aragón donde, con Coyne, realiza documentales que constituyen un fondo destacado de la realidad local. Cabe señalar igualmente los trabajos sobre la guerra colonial africana y los primeros ensayos de un cine científico (1912).

En Valencia, el fotógrafo Antonio Cuesta se lanza a la aventura de la producción con Films Cuesta. Es el probable autor del exitoso documento *El Tribunal de las Aguas* (1905), sobre la institución encargada de regular los problemas de la huerta valenciana, y rueda la primera película humorística sobre el mundo de la tauromaquia: *Benítez quiere ser torero* (1909). Producido en Valencia y atribuido al catalán Joan María Codina, *El ciego de la aldea* (1906) es un destacado ensayo de transposición de un romance de ciegos, en el que un ciego valiente conseguirá que detengan a unos bandidos sin escrúpulos. La película se sale de los géneros de moda y aborda con inteligencia la cultura popular española. Aunque en un primer tiempo las producciones Films Cuesta cultivan un cierto naturalismo, pronto se ocupa de otros géneros: el cine taurino, el de persecución, películas sobre bandolerismo y el serial. Tras diez años Cuesta abandona y con él desaparece la productora que lleva su apellido.

Pese a ser la capital, Madrid es con mucho la ciudad peor dotada y las escasas películas que allí se realizan las hacen catalanes como Baltasar Abadal (*El entierro de la infanta María Teresa* y *La boda de Alfonso XIII*, ambas de 1906) o Ricardo de Baños (*Parada militar del rey Alfonso*, en 1911). No obstante, de este desierto cinematográfico cabe destacar la reconstrucción histórica *Asesinato y entierro de Canalejas* (1912), de Abelardo Fernández Arias y Enrique Blanco.

2. UNA CIERTA EDAD DE ORO (1914-1918)

2.1. La industria catalana

La Primera Guerra Mundial constituye una especie de edad de oro para el cine español, ya que el conflicto bélico ofrece a la industria cinematográfica la oportunidad y los medios para desarrollarse: 28 productoras realizan 242 películas, de ellas 77 documentales. Este fulgor, sin embargo, no puede servir para enmascarar la fragilidad de la infraestructura, ya que 16 de estas 28 sociedades no llegan a producir más de cinco películas. Y lo cierto es que esta fragmentación explicará a *posteriori* el desfondamiento de la industria del cine en España.

En 1916, Ricardo de Baños abandona la Hispano Films para fundar con su hermano Ramón la sociedad Royal Films. Antes del abandono, sin embargo, le ofreció uno de los títulos más apreciados por la crítica, *La malquerida* (1914), una adaptación de la obra del premio Nobel Jacinto Benavente. En 1918,

un incendio supondrá el fin de Hispano Films que, hasta entonces, produciría muchas películas valiosas y conocería el éxito bajo la dirección de Alberto Marro.

En 1915, Joan Solà i Mestres y Alfred Fontanals fundan la muy comercial Studio Films. Hasta 1917 es el actor Domenèc Ceret quien se encarga de los rodajes utilizando fórmulas ya conocidas, y ofrece lo mejor de su cine en el ambicioso *Humanidad* (1917); este destacado ensayo, que describe el mundo de los delincuentes de los barrios bajos de la ciudad, conoce los rigores de la censura, hostil a su carácter realista. De la dirección artística de otras obras más ambiciosas, más próximas al gusto de los críticos y del público, se encarga Codina que proviene de la desaparecida Films Cuesta. La Studio Films, que desaparecería en 1922, fue una de las escasas sociedades que superó la crisis que sacudió a esta industria al finalizar el conflicto mundial.

La edad de oro del cine catalán fue de corta duración, sobre todo por no haber sabido organizar una infraestructura sólida. Lo cierto es que al finalizar la guerra retorna la producción extranjera, contra lo que nada pudo la producción nacional. Por otra parte, el mercado exterior no siempre se abre a las producciones hispanas, mientras que en el interior no hay ninguna medida que proteja las producciones propias. Entre 1919 y 1923 la producción catalana se desfonda y apenas alcanza el centenar de películas, de las cuales más de la mitad son documentales, lo que muestra hasta qué punto ha sido barrido el cine de ficción. A los fenómenos ya señalados hay que añadir la creciente importancia que están alcanzando otros centros como Madrid y Valencia.

Foto fija número 1

VICENTE BLASCO IBÁÑEZ

Mientras que el cine español apenas consigue atravesar las fronteras, la obra de Vicente Blasco Ibáñez (1867-1928) obtiene éxitos espectaculares en otros países. Ya en su obra *Entre naranjos*, de 1900, hay una evocación directa del cine, pero las relaciones del novelista con el mundo de la imagen van a estrecharse mucho más y, así, Joan María Codina adapta *La barraca* en 1914, y es el autor en persona quien hace lo mismo con *Entre naranjos* (1914), que rueda Alberto Marro. Dos años más tarde, por primera vez en el cine español, el escritor lleva una de sus obras a la pantalla: *Sangre y arena* (1916). Todo hubiera podido quedar ahí pero, al año siguiente, en plena guerra, André Heuzé adapta *Los cuatro jinetes del Apocalipsis* bajo el título *Debout les morts*, una película naturalmente patriótica que abre un período fastuoso para Blasco Ibáñez, cuyas novelas se adaptan en Estados Unidos. Rex Ingram, el irlandés de la Universal, abre fuego con *The Four Horsemen of the Apocalypse* (1921). En cabeza del reparto, el legendario Rodolfo Valentino y la hermosa y fría Alice Terry. El éxito es fulgurante y convierte a Blasco Ibáñez en un autor especialmente cotizado. Fred Niblo rueda para la Paramount *Blood and Sand* (*Sangre y Arena*, 1922), siempre con Valentino, y para la MGM, *The Temptress* (*La tentadora*, 1926), con Greta Garbo que acaba de llegar a Hollywood. «La Divina» da vida también a otro personaje de nuestro escritor en *The Torrent* (*El torrente*, 1926), de Monta Bell. Alice Terry y Antonio Moreno son los intérpretes de *Mare Nostrum* (1926), de R. Ingram. Y aún habría que añadir media docena más de títulos rodados durante los años 20. El cine español, por su lado, simplemente se olvida del escritor valenciano y sólo en 1929 Benito Perojo se acordó de él con *La Bodega*. Fue de nuevo el cine americano quien adaptó a Ibáñez en 1941 con la obra de Ruben Mamolian *Blood and Sand*, con Tyrone Power y Rita Hayworth. Más tarde su obra ha sido regularmente adaptada por realizadores españoles (Rafael Gil, Rafael Romero Marchent), mexicanos (Roberto Gavaldón) y americanos (Vincente Minelli). Como todo autor ampliamente adaptado Blasco Ibáñez también ha inspirado versiones paródicas: *Mud and Sand* (1922), de Hal Roach con Stan Laurel, *Bull and Sand* (1924), de Mack Sennet, *Ni sangre ni arena* (1941), de Alejandro Galindo, con el gran cómico mexicano Cantinflas, o *Fifa e arena* (1948), de Mario Mattoli, con el inigualable Totò.

2.2. El serial

El primer *serial* se lo debemos a Joan María Codina, por entonces empleado de la Films Cuesta; se trata de tres episodios agrupados bajo el título *Los siete niños de Écija o Los bandidos de Sierra Morena* (1911-12). El probable éxito del primer episodio propició la continuidad de este folletón sobre el *bandolerismo*. La experiencia ha de esperar tres años más para que, de nuevo Codina, vuelva a intentarlo con *El signo de la tribu* (1915). Pero el *serial* se convierte definitivamente en género con *Los misterios de Barcelona* (1915-16), producida por la Hispano Films. Esta obra de Marro y Codina, incuestionable logro artístico, se divide en ocho episodios en los que se siguen las agitadas aventuras de Diego Rocafort, una especie de Conde de Montecristo. La película obtiene unos ingresos de 60.000 pesetas frente a una inversión de 19.000. El éxito es tal que se demanda una segunda parte, *El testamento de Diego Rocafort* (1917), que no obtiene la misma adhesión del público pero que hará de Joaquín Carrasco una estrella y de Alexia Ventura la Mary Pickford española. La Hispano Films se especializa en el *serial*, pero también Studio Films y Barcinógrafo van a realizar numerosas películas de este género.

2.3. Adrià Gual y la Barcinógrafo

En el contexto de las sociedades de producción, la Barcinógrafo constituye un caso singular por el papel que le hace desempeñar su director artístico Adrià Gual. Este escritor y dramaturgo fue uno de los primeros intelectuales que vieron con buenos ojos el nuevo arte: «El cine —dijo— no es algo despreciable ni atacable sino más bien lo contrario: es un espectáculo creado con fines elevados cuando se halla en manos de alguien que sabe sacar de ello provecho para la cultura pública, como así está sucediendo cada vez con más frecuencia; y cuantos más sean los artistas dispuestos a colaborar en este mundo, tanto más educativo y artístico será». Durante una estancia en Francia entra en contacto con la sociedad Gaumont y fragua en él la idea de fundar Barcinógrafo (1913). Heredera del *film de arte*, adapta, de agosto a octubre de 1914, obras literarias, entre ellas *El Alcalde de Zalamea*, de Calderón de la Barca, drama de honor en el que el alcalde Pedro Crespo conseguirá, con la ayuda del rey, vengar el mancillado honor de su hija. Muy influenciado por el modernismo catalán, del que es uno de sus cantores, Gual anuncia con sus audaces encuadres y su gusto pictórico el expresionismo. El fracaso público de su cine le obliga a renunciar a sus exigencias estéticas en beneficio de la comedia o del melodrama. No obstante, y dada su intransigencia, abandona definitivamente la Barcinógrafo en los primeros meses de 1915.

El abandono de Gual implica una reestructuración completa: la llegada de la célebre actriz Margarita Xirgu abre un breve período favorable durante el cual la Barcinógrafo, bajo la dirección de Magí Murià, va a producir melodramas «a la italiana» y comedias con el actor Josep Santpere. Su canto del cisne fue *Vindicator* (1918), de Murià, serial en dos partes y diez episodios cuyo rodaje duró nueve meses y que fue saludado en la época como una de las mejores obras del género.

2.4. Extranjeros en España

A partir de 1913 muchos italianos vienen a probar su suerte a España y el movimiento se incrementa durante la Primera Guerra Mundial. Giovanni Doria se convierte en el director oficial del *film de arte español* y Godofredo Mateldi rueda catorce películas entre 1914 y 1919. Mario Caserini es ya un realizador importante, autor de *Los últimos días de Pompeya* (1913), cuando se instala en España para rodar seis películas. La influencia del cine italiano se deja sentir en algunos cineastas como el catalán Josep de Togores cuyas ambiciones artísticas no encuentran el eco popular deseado; no obstante, *Un solo corazón* (1915) se beneficia de la participación de la célebre actriz María Guerrero, y *El sello de oro* (1915) de la bailarina Stasia Napierkowska.

La presencia de los franceses fue más discreta aunque fuera Max Linder quien rodara *Max toreador* (1912) en el coso taurino de Barcelona. Gérard Bourgeois, autor del célebre *Las víctimas del alcoholismo* (1911), fue llamado por Argos Films para rodar una superproducción (un millón de pesetas) con el modelo del cine de arte, *Vida de Cristóbal Colón y su descubrimiento de América* (1917), obra excepcional que congrega a numerosos artistas: Gual interviene en la realización, Ramón de Baños es quien lleva a cabo la fotografía y José Padilla compone la música de acompañamiento. La película, que comprende un prólogo (*La aurora de la obra sublime*) y cinco episodios (*La inspiración de una reina, Hacia lo desconocido, La obra inmortal, El apogeo de la gloria y La triste recompensa*) llega demasiado tarde y no obtiene el éxito previsto.

2.5. Benito Perojo y el despertar de Madrid

De forma aparentemente paradójica, los años 1914-18, que ven cómo el poder casi hegemónico de Barcelona se extiende sobre el cine peninsular, son también los que preparan el declive catalán. Madrid no está en condiciones de rivalizar con Barcelona pero algunos tímidos signos indican que la capital vibra y que su cine sale de las catacumbas. Si hubiera que resumir el cine madrileño de estos años bastaría con hablar de Benito Perojo, que arranca con *Fulano de tal se enamora de Manón* (1914), rodada en el parque del Retiro, decorado constante de las películas de época. En 1915 funda Patria Films, para la que crea el personaje Peladilla, imitación de Charlot, que obtiene un enorme éxito con *Garrotazo y Tentetieso* y *Peladilla cochero de punto*. Poco después se instala en Francia donde perfecciona sus conocimientos de cine en Niza y en París.

La importancia de Perojo no debería hacernos olvidar a otros realizadores más modestos pero que participan en este nacimiento: Francisco Camacho rueda *El misterio de una noche de verano* (1917) y Jacinto Benavente adapta sus propias obras *Los intereses creados* (1918) y *La Madona de las rosas* (1919), para Madrid Cines. Patria Films, por su parte, produce películas de género como *Por la vida del rey* (1916), de Julio Roesset, o *El fantasma del castillo* (1919), del mismo autor ayudado por José Buchs.

3. EL CINE DE GÉNERO (1919-1930)

3.1. El triunfo de la zarzuela

El desfondamiento de la producción catalana favorece el cine madrileño, que consigue sentar las bases de una industria gracias a obras populares de éxito. Por otra parte, el centralismo de la dictadura de Primo de Rivera (1923-1930) no es sino un aliciente más para este desarrollo. Gracias al parque del Retiro, al Rastro y a algunos estudios, Madrid se convierte en un inmenso plató en el que se rueda sin descanso. En 1928, 44 de los 58 largometrajes españoles se ruedan en Madrid. El sonado éxito de *La Verbena de la Paloma* (1921), de José Buchs, marca el inicio del esplendor madrileño. Por sorprendente que pueda parecer, la película es una adaptación de una zarzuela de Ricardo de la Vega y Tomás Bretón; no olvidemos que la ausencia de música no significa que las proyecciones sean silenciosas ni que los espectadores se conocen a la perfección esas zarzuelas y pueden leer en los labios de los actores las palabras de las melodías más celebradas. Durante su estreno en Madrid, el 15 de diciembre, una orquesta dirigida por Bretón en persona acompaña la proyección. *La Verbena de la Paloma* convierte a Buchs en especialista de un género abordado por otros cineastas. Florián Rey, actor en *La Verbena de la Paloma* y en *Maruxa* (1923), zarzuela rodada por el francés Henri Vorins, comienza su carrera con *La Revoltosa* (1924) y la tan aragonesa *Gigantes y Cabezudos* (1926). El valenciano Maximiliano Thous adapta *La Bruja* (1923) y *Moros y Cristianos* (1926). Estas adaptaciones —casi el 50 % de la producción en 1923 y el 20 % en 1925— van a constituir un cómodo vivero que sobrevivirá al cine mudo pero que empezará su declive en los siguientes años veinte.

3.2. Las adaptaciones literarias

No esperaron mucho los cineastas para lanzarse a la adaptación de novelas o de obras de teatro, pero, a partir de 1920, el recurso a las obras literarias se hace cada vez más frecuente ya que, además, cuenta con la adhesión popular. En este sentido, es determinante *La Casa de la Troya* (1925), adaptación de una novela de Alejandro Pérez Luján, autor de éxito, quien junto con Manuel Noriega asegura la puesta en escena: las andanzas amorosas de Gerardo y Carmiña transcurren dentro de un ambiente juvenil de estudiantes de Santiago de Compostela en la célebre pensión de familia La Troya. Aprovechando la onda, se adapta *Currito de la Cruz* (1925), que a su vez conoce un enorme éxito debido igualmente a un ambiente taurino del que, paradójicamente, marca el declive. La secuencia de la muerte del torero fue especialmente celebrada por la prensa de la época.

A su retorno de Francia, Perojo se lanza también a la adaptación y, profesional excelente como es, realiza tres obras importantes: *Boy* (1925), *Malvaloca* (1926) y *El negro que tenía el alma blanca* (1926), con una jovencita llamada Conchita Piquer. Florián Rey, que toma el relevo de Noriega en *Atlántida*, sabe sacar el mejor partido de los textos literarios en películas cuya principal estrella es el «kid» genial Alfredo Hurtado «Pitusín»; en *El Lazarillo de Tormes* (1925), transposición audaz y libre de la novela anónima, vemos al joven Lázaro aleccionado por una institutriz que le sirve de nexo entre el mundo rural y el universo urbano. Rey es también el autor de *La Hermana San Sulpicio* (1927), adaptación de una obra de Armando Palacio Valdés, que pertenece al cine clerical y que supone el lanzamiento de Imperio Argentina, una de las mayores estrellas españolas.

3.3. Hacia una conciencia de las identidades nacionales

José Buchs, en 1922, aborda el cine marcial con *Alma rifeña,* cuya acción transcurre en el Rif durante la guerra de Marruecos. La dictadura militar, que favorece los entusiasmos nacionalistas, hace de él un especialista del cine histórico del que es su gran representante. El sentimiento nacional inspira sus obras que evocan, paso a paso, la invasión napoleónica en *El Dos de Mayo* (1927), o la célebre figura del general *Prim* (1930), primera película que se sincronizó con música de disco. No obstante, al periodista Francisco Gómez Hidalgo es a quien se debe una de las obras más innovadoras de la época, *La malcasada* (1926). Este «docudrama» aborda un tema audaz para la época como era el divorcio. Pero su modernidad reside en la mezcla incongruente y deliciosa entre ficción y secuencias de actualidad en las que se ve por ejemplo al general Franco, al escritor Ramón del Valle Inclán o al torero Juan Belmonte, «consentidores» actores que participan así en el universo de ficción de los protagonistas.

Foto fija número 2

UNA ESTRELLA ESPAÑOLA: RAQUEL MELLER

Mientras que Musidora, primera «vampiresa» del cine francés, se pasa a la dirección y rueda en España *Para Don Carlos* (1921), *Sol y sombra* (1922) y el curioso *La tierra de los toros* (1922), de acentos vanguardistas, Raquel Meller triunfa en París. Hay que decir que los intercambios entre los dos países no son nuevos y que será en este caso Francia quien consagre y haga célebre a Raquel Meller. Nacida en Tarazona (Zaragoza) en 1888, se llamaba en realidad Francisca Marqués López. Sus padres, modestos comerciantes, se instalan en Barcelona y es allí donde se produce el milagro. En 1907 Raquel canta por primera vez ante el público en el salón *La Gran Peña*. Más tarde dirá: «Nací en Barcelona en el Teatro Arnau». Su primera aparición en el cine, en *Los arlequines de seda y oro* (1919), bajo la dirección de Ricardo de Baño, no aporta nada especial a su carrera. En 1919, en el Olympia de París, crea *La Violetera* que dará la vuelta al mundo. «Doy fe» —dijo Manuel Machado— «que es la mejor actriz que jamás pude ver». Las dos películas de Henry Roussel, *Los Oprimidos* (1923) y *Violetas Imperiales* (1924), la convierten en una verdadera estrella. El rodaje de *Carmen* (1925) resulta especialmente difícil ya que la actriz no quiere plegarse a la disciplina impuesta por Jacques Feyder. Durante una estancia en Nueva York, en 1926, se encuentra con Charlie Chaplin, quien le propone el papel principal de *City Lights* (*Luces de la ciudad*, 1931) pero, comprometida por otros contratos, rechaza la oferta. Chaplin se consolará haciendo de *La Violetera* el leitmotiv de su obra. Raquel Meller participa también en *La Venenosa* (1928), rodada por Roger Lion antes de la llegada del cine sonoro, que no le aportará nada, a pesar de la reproducción de *Violetas Imperiales* en 1932. La guerra civil pone fin a su carrera cinematográfica pese al proyecto de Henri Fescourt, en 1948, que quiso hacer de ella una Santa Teresa de Ávila. Acabó en la miseria. Sarah Bernhardt dijo de ella: «Su bonito rostro de muñeca de porcelana expresa todas las fases de un corazón que pasa de la alegría al dolor, de la calma al terror, de la vida a la muerte».

Si Cataluña pudo construirse en la década de los años diez un cine nacional, las demás regiones tuvieron que esperar al decenio siguiente para poder hacer otro tanto. Parece obvio que la temática madrileña hubiera de girar en torno a la capital. *La Verbena de la Paloma* había abierto el camino y en algunos años las pantallas propondrán una multitud de facetas de Madrid. Fernando Delgado, antiguo ayudante de Benavente, es quien mejor ha analizado la pequeña burguesía en obras populares como *¡Viva Madrid que es mi pueblo!* (1928), con el célebre torero Marcial Lalanda. Madrid pasa a servir de decorado de una multitud de películas cuyos principales personajes son estudiantes, modistillas o chulos. Eusebio Fernández Ardavín, al adaptar las piezas de su hermano Luis, hace también de Madrid el marco de unas obras de ambiente muy tradicional, como *Rosa de Madrid* (1927), pintura de la capital acusada de plagio de la zarzuela *Estudiantes y modistillas* (1926), del crítico Juan Antonio Cabero. Su cine, profundamente anclado en la realidad castellana, no hace, de hecho, más que proponer temas semejantes.

Por su parte, el cine valenciano conoce sus mejores años entre 1923 y 1928 al convertirse en el segundo centro de producción después de Madrid. La casa Atlántica, que ya había producido en Valencia *¡Por la Patria ...!* (1921), renueva con éxito la experiencia con *Doloretes* (1923), de

Buchs. Rafael Salvador, responsable del Teatro de la Zarzuela de Madrid, se traslada a Valencia para rodar allí dos películas con el torero valenciano Manuel Granero. Durante el rodaje de *Gloria que mata* (1922), este último encuentra la muerte en la plaza de Madrid mientras los operadores no consiguen captar más que algunos instantes del drama. Simultáneamente, el importante documentalista Joan Andreu, catalán instalado en Valencia, rueda con ocasión de las fiestas locales un reportaje en dieciséis cuadros titulado *Coronación de la Virgen y llegada de SS. MM. a Valencia,* de tanto éxito que hasta es vendido al extranjero. Realiza dos sainetes de ambiente valenciano, *La barraqueta del Nano* (1924) y *Cipriano Comendador* (1924), cuyo actor principal es el cómico «Pepín» Fernández que pasará a la realización de películas como *Por fin se casa Zamora* (1927), sobre el célebre guardameta. Animado por sus éxitos, Andreu crea Film Artística Valenciana y rueda *La Trapera* (1925), adaptación de una zarzuela, y *La garra del mono* (1926), parodia de los seriales. El dramaturgo Maximiliano Thous Orts conoce el éxito con *La Dolores* (1923), triste historia sobre las calamidades que el rumor público puede causar al honor de una dama, y se torna etnólogo en *Nit d'Albaes* (1925), sobre las fiestas y costumbres locales. Tras la llegada al poder de Mussolini (1922) muchos italianos vienen a instalarse en la región valenciana, entre ellos Mario Roncorini que lleva a la pantalla la zarzuela *Les Barraques* (1925). De la producción barcelonesa, en pleno marasmo, apenas cabe retener en la memoria

Pepita Jiménez (1925), de Agustín Carrasco, *La Puntaire* (1928), de Gelabert, *La hija del mar* (1928), de Gual y *L'Auca del senyor Esteve* (1929), de Lucas Argilès, sobre la obra de Rusinyol, quien, detractor del cine en sus inicios, se hará guionista en los años veinte.

El País Vasco se abre al cine con relatos regionalistas en los que se deja la iniciativa a algunos ilustres aficionados como Telesforo Gil y su *Edurne, modista bilbaína* (1924), homenaje a los paisajes de la tierra, donde, en un escenario bastante convencional, la joven Edurne escapa a su destino casándose con el ingeniero Alberto. Aureliano González con *Lolita la huérfana* (1924), los hermanos Azkona con *El Mayorazgo de Basterretxe* (1928), melodrama rural que constituye el mejor logro del cine mudo vasco, o Francisco Camacho con *Zalacaín el aventurero* (1929), adaptación de la novela de Pío Baroja, supieron, con dificultades, sentar los fundamentos del cine vasco.

Nobleza baturra (1925), de Juan Vilá Vilamala, rodada en Aragón, hace de esta región el marco donde transcurren los amores de Pilar y Sebastián, puestos en peligro por la envidia del rico propietario Marco que mancilla el honor de la joven. La película, de muy convencional factura, ha sido uno de los mayores éxitos del cine mudo: frente a una inversión de 55.000 pesetas generó beneficios por un millón y medio.

3.4. Las vanguardias y «La aldea maldita»

Estos años, que ven el nacimiento de la «generación del 27», son también los de los primeros trabajos de vanguardia, de los que el más célebre sigue siendo *Un perro andaluz* (1929), película francesa de Salvador Dalí y Luis Buñuel. Financiada por la madre de este último, este cortometraje surrealista nace con unas imágenes oníricas: un ojo cortado por una navaja de afeitar, una mano llena de hormigas ... Ninguno de los autores quiso aceptar nada que pudiera parecerse a una explicación racional, psicológica o cultural. Pero el éxito de la película turba a Buñuel, que lanza invectivas contra «una masa de imbéciles que ha encontrado hermoso y poético lo que en el fondo no es más que una desesperada, apasionada llamada a la muerte».

El primer cine club español (1928) lo funda en Madrid Ernesto Giménez Caballero con la colaboración de Buñuel. Caballero prepara con un espíritu libertario *Noticiero Cine Club* y *Esencia de la verbena* (1930) y Ramón Gómez de la Serna, esencial personaje de los años 20-30, realiza el extraño *El orador* (1929). *La historia de un duro* (1927), de Sabino Micón, es otro intento por llevar a la pantalla un proyecto de gran modernidad: las desventuras de un «duro» que pasa de mano en mano. El vasco Nemesio M. Sobrevila, arquitecto de profesión, rueda una sátira de gusto cinematográfico americano: *Al Hollywood madrileño/Lo más español* (1928) y, sobre todo, *El sexto sentido* (1929), una reflexión filosófico-humorística sobre el cine y su función social.

Obra de transición entre el mudo y el sonoro fue *La aldea maldita* (1930), de Florián Rey. Se trata de un drama rural con tintes trágicos: Juan, labrador castellano, decide permanecer en la aldea con su anciano padre y su hijo mientras que Acacia, su esposa, le abandona para dirigirse a la ciudad tratando de salir de la miseria. Tres años más tarde ella vuelve pero Juan le prohíbe que toque a su hijo. La pareja no obstante acabará, reconciliándose. La película tuvo influencias del cine soviético y se inscribe también en una tradición puramente hispánica, la de los dramas calderonianos. La destacada fotografía confiere a algunas escenas un ambiente pictórico que recuerda el juego «tenebrista» sobre la luz de la pintura barroca. Florián Rey se dirigió a los estudios Tobis de París para sonorizar esta «gran película española hablada, cantada y sonora», y rodar algunos nuevos planos.

2. LA LLEGADA DEL SONORO Y DE LA REPÚBLICA (1930-1936)

Los años veinte supieron ganarse un público fiel y sentaron las bases de una industria, pero la brutal llegada del sonoro deja este frágil edificio en la más absoluta ruina. Los estudios y las salas de proyección quedan de pronto como inservibles y se interrumpen los rodajes de forma radical. Esta parálisis fuerza a muchos realizadores, técnicos y actores, a encontrar en otros lugares los medios de ejercer su profesión. Sin embargo, el cine español logra levantar durante la República una infraestructura satisfactoria y colocar algunas obras de producción nacional en la bolsa de la cotización mundial. Una producción que, por lo demás, no deja de crecer: 1931 (1 película) — 1932 (6) — 1933 (17) — 1934 (21) — 1935 (37) — 1936 (28).

1. EL CINE EXPATRIADO (1929-1939)

1.1. En Hollywood y en Joinville-le-Pont se habla español

Entre 1929 y 1939, la producción que Hollywood realiza en español para el inmenso mercado español e hispano-americano se aproxima a las 150 películas. La solución que inicialmente prevalece es la de las versiones múltiples: los equipos, por nacionalidades, se suceden en el plató y se ruedan diversas versiones de una misma película. *Sombras de gloria* (1929), de Andrew L. Stone, es la primera adaptación española, hecha por Fernando C. Tamayo de *Blaze O'Glory* (1929), de Renaud Hoffman. En un primer tiempo, Hal Roach produce bastantes películas distribuidas por la MGM que a su vez se lanza a la producción de versiones múltiples. Para las películas cómicas se utiliza a los mismos actores, que aprenden algunas palabras en español: Buster Keaton rueda *Estrellados* [1] (1930), de Edward Sedgwick, con Raquel Torres y María Calvo, y Laurel y Hardy se doblan a sí mismos en *Ladrones* [2] (1930), de James Parrott. Después vendrá el turno de la Paramount Pictures y de la Fox Film Corporation. Aunque, normalmente, las versiones no valen tanto como los originales, hay algunas excepciones, así una versión de *Drácula* (1931) propuesta por la Universal Pictures, especializada en cine fantástico, rodada por

---

[1] Versión original en inglés: *Free and Easy.*
[2] Versión original en inglés: *Night Owls.*

George Melford y con Carlos Villarias en el papel principal, que es considerada como mejor que el original. *El presidio* (1930), de Ward Wing, versión de *The Big House*, de George Hill, supervisada por Edgar Neville, rivaliza con la obra original gracias en particular a la interpretación de José Crespo. Pese a todo, muchas de estas dobles versiones no dejan de ser productos puramente americanos que no interesan en exceso al público latino y, por ello, el resultado no siempre está a la altura de las esperanzas.

En la organización del cine español, Edgar Neville, aristócrata, diplomático, escritor y futuro escenógrafo, juega un papel importante dada su amistad con Irving Thalberg, patrón de la MGM. Es él quien va a proponer nombres de escritores para producir películas más acordes con los gustos del público hispánico. Llegan entonces a Hollywood Eduardo Ugarte y Antonio de Lara «Tono» por cuenta de la MGM, y Gregorio Martínez Sierra, Enrique Jardiel Poncela y José López Rubio contratados por la Fox. El trabajo de supervisión de Martínez Sierra entre 1931 y 1935 es memorable y da a las películas en español de la Fox una gran unidad. El equipo está compuesto esencialmente por Martínez Sierra, por López Rubio que se encarga de la adaptación al español y por la actriz Catalina Bárcena. De estas obras conviene retener la comedia *Mamá* (1931), única incursión hollywoodiana de Perojo, la obra satírica de Louis King, *La ciudad de cartón* (1933), ácida mirada sobre el ilusorio mundo del cine y, sobre todo, *Angelina o el honor de un brigadier* (1935) de Louis King,

deliciosa comedia en la que los diálogos son sutilmente irónicos y en la que el mérito recae en Jardiel Poncela, autor de la obra y del guión, quien declara que se trata de la «mejor película de la producción española en Hollywood. La mejor que se ha hecho... y la mejor que se puede hacer».

Benito Perojo ejerce de nuevo de precursor al rodar en 1930, con diálogos de Pedro Muñoz Seca, *Un hombre de suerte* [3], con Roberto Rey y María Luz Callejo en los estudios de Saint-Maurice. Pero es Florián Rey quien, por cuenta de la Paramount Pictures, supervisa las películas rodadas en los estudios de Joinville-le-Pont. En torno a él se forma un grupo con su actriz favorita, Imperio Argentina, que triunfa en *Su noche de bodas* (1931), de Louis Mercaton, con guión de Muñoz Seca y, sobre todo, con el célebre cantor de tangos Carlos Gardel que rueda, bajo la dirección de Louis Gasnier, *Espérame* (1933) y *Melodía de arrabal* (1933) antes de partir para Estados Unidos.

1.2. Luis Buñuel en el extranjero

Luis Buñuel, un hijo de la burguesía aragonesa, comienza su formación con los jesuitas de Zaragoza y la completa en la Residencia de Estudiantes de Madrid donde conoce y mantiene amistad con Dalí y Lorca. La contemplación de *Der müde Tod* (1921), de Fritz Lang, le revela su vocación de cineasta. Es ayudante de Jean Epstein en tres películas, entre ellas *La Chute de la maison Usher* (1927), y luego rueda su primer cortometraje mudo, *Un perro anda-*

---

[3] La versión original en francés, *Un trou dans le mur* (1930), fue rodada por René Barbaris con Jean Murat, Marguerite Moreno y Pierre Brasseur.

luz. Pero el cineasta nace con el sonoro y soniza él mismo su película con fragmentos de *Tristán e Isolda* de Wagner. El éxito atrae la atención del vizconde de Noailles, que ya ha producido *Le sang d'un poète* (1930) de Jean Cocteau. Con absoluta libertad filma Buñuel *L'Âge d'or* (1930), una de sus más sulfurosas obras para la que apenas cuenta con Dalí y que es un verdadero manifiesto del surrealismo con mezclas de Wagner, el marqués de Sade, Jesucristo y los escorpiones. Ni una concesión se hace en este panfleto de una rara violencia donde el triunfo del amor loco arrincona todas las convenciones burguesas. La obra provoca tal escándalo que es prohibida casi de inmediato y no conocerá una nueva aparición hasta 1981. Única película absolutamente surrealista, *L'Âge d'or* estará de alguna manera presente en toda la producción posterior de Buñuel, que seguirá siempre fiel a su formación inicial. El eco de esta obra atrajo la atención de la MGM, que invitó al cineasta. Pero no eran amores destinados a perdurar.

2. LA PRODUCCIÓN NACIONAL

2.1. Francisco Elías, pionero del cine hablado

Francisco Elías empieza a trabajar para la Gaumont en París donde se ocupa de la traducción de los títulos para las películas mudas. Ayudante y guionista de Léonce Perret, rueda su primera obra, *Los oficios de Rafael Arcos*, en 1914. En 1915 se dirige a los Estados Unidos donde crea una empresa que realiza los títulos de las películas destinadas al mercado hispanófono. Su interés por el cine le lleva a conocer a David Wark Griffith y a colaborar en *Way Down East (Las dos tormentas*, 1921) y en *Orphans of the Storm (Las dos huérfanas*, 1922). Tras una larga gira por Europa vuelve a España donde realiza una película cómica a la manera de Mack Sennet, *Fabricante de suicidios* (1928). Pero su nombre quedará unido a la primera película española sonora, *El misterio de la Puerta del Sol* (1929). La película de Lee de Forest, para la que se había utilizado el procedimiento Phonofilm, se presentó una sola vez en Burgos en 1930, y en tan malas condiciones que convirtieron el acontecimiento en un fracaso estrepitoso. Lo que no desanimó a nuestro hombre, quien, tras una temporada en Francia, se instala en Barcelona donde, con el francés Camille Lemoine y el catalán José María Guillén García, funda (en 1932 los estudios Orphea, los primeros equipados con material de toma de sonido. Barcelona recupera así una parte de su pasado esplendor, ya que se eproducen en esa ciudad 57 películas entre 1932 y 1936 contra las 48 realizadas en Madrid. Elías rueda en sus estudios una primera película en francés, *Pax* (1932), luego sigue su carrera con obras importantes como *Boliche* (1933), un musical en el que un joven argentino huérfano, nacido en España, debe dirigirse a Caldas para obtener su partida de nacimiento con el fin de heredar una gran fortuna; el asunto está en que hay 27 pueblos que llevan el nombre de Caldas...

2.2. Cifesa y el retorno del cine de género

Las dificultades que entraña la instalación del cine sonoro provocan una dramática caída de la producción; en 1931 sólo se hizo una película. Pero el nacimiento de estudios como Orphea, en Barcelona, o CEA y ECESA en Madrid, van a permitir el resurgir de una economía cinematográfica en pleno marasmo. Otra de las consecuencias de la llegada del sonoro va a ser el resurgir de Barcelona y Valencia como metrópolis del cine, a lo que debe añadirse la caída de Primo de Rivera (1930) que arrastra con él su política centralista.

La sociedad Cifesa (Compañía Industrial Film Española, S.A.) la funda, en 1932, en Valencia, la familia Casanova. El padre, Manuel, y los dos hijos, Luis y Vicente, van a hacer de Cifesa uno de los pilares fundamentales de la naciente infraestructura del cine hispánico. Profundamente español, valenciano a ratos, católico ferviente y antimarxista convencido, su cine soporta el peso ideológico de sus fundadores aunque, si bien es netamente conservador, también es popular y, en algunos casos, el sello Cifesa será una garantía de calidad y de profesionalismo. «La bandera del éxito», como será llamada, va a contratar los servicios de grandes realizadores, actores y técnicos: Florián Rey, Benito Perojo, Imperio Argentina, Miguel Ligero, Juan de Orduña... El camino del éxito le llega a Cifesa con el relanzamiento de los géneros ya aplaudidos en los tiempos del cine mudo.

Florián Rey, empleando recetas que tuvieron éxito en los años veinte, rueda en 1934 una nueva versión de *La Hermana San Sulpicio* cuyo papel estelar es de nuevo asumido por Imperio Argentina. Es como una especie de resumen del cine producido por Cifesa durante la República: una historia de amor, con fuerte presencia clerical y un juego sobre las rivalidades regionales. El cine clerical va a constituirse también en género gracias a las películas de Jean Grémillon, *La Dolorosa* (1934), y *El Cura de aldea* (1935), de Francisco Camacho. A veces este género admite la variante de cine con niños como *El niño de las monjas* (1935) de Buchs, en la que Pepe Luis, educado por unas religiosas andaluzas, y escaldado por la vida madrileña, decide hacerse torero tras encontrar a su novia Soledad. La obra, aun siendo un cóctel en el que se mezclan los toros, lo religioso y lo flamenco, no está exenta de una visión satírica de la pequeña burguesía ciudadana. Florián Rey aborda con igual éxito los temas regionales: *Nobleza baturra* (1935), remedo de la película muda, y *Morena Clara* (1936), de ambiente andaluz, son representaciones muy convencionales de la España rural, bien que la estructura narrativa favorezca el enfrentamiento de las clases sociales.

Perojo realiza un cine más ambicioso que, sin renegar de lo popular, da muestras de una gran calidad técnica y de una aguda inventiva. Rueda para Cifesa un *remake* de *La Verbena de la Paloma* (1935), una verdadera recreación cuya libertad expositiva sólo es igualada por la perfección de la realización y de la dirección de actores. Su exactitud en la descripción del pueblo llano de Madrid es uno de los logros del cine republicano. En general, toda la producción de Perojo merece la mayor de las atenciones: *El negro que tenía el alma blanca* (1934), ambiciosa recreación de su propia versión muda sobre la tragedia vivida por un negro en el mundo de los blancos, o *Nuestra Natacha* (1936), considerada como subversiva por los franquistas y prohibida tras la Guerra Civil.

2.3. Una ambición artística

¿Por qué insondable razón la historia del cine ha olvidado a Harry d'Abbadie d'Arrast? ¿Qué cruel destino ha hecho desaparecer una de las mejores películas españolas, *La traviesa molinera* (1934)? Harry d'Abbadie d'Arrast, nació en Argentina e hizo sus estudios en París antes de dirigirse a la Meca del cine. Este dandi de carácter espontáneo sabe codearse con las más grandes estrellas del cine, entre otros con Charlie Chaplin, de quien llega a ser consejero artístico en *Woman of Paris* (*Una mujer de París,* 1923) y en *The Gold Rush* (*La fiebre del oro,* 1925). Tras algunas obras de gran calidad, nuestro falso aristócrata llega a España para adaptar *El sombrero de tres picos,* de Alarcón, y escribe el guión junto con Neville. Rodada en los estudios CEA de Madrid, la película cuenta los amores de un viejo corregidor libertino, enamorado de la mujer del molinero y luego ridiculizado. Aunque la película es sonora, Harry d'Arrast la trata como si fuera muda dejando que la música se convierta en un maravilloso soporte de la construcción narrativa. Dejará de hacer cine y acabará sus días en Montecarlo en un universo que debía recordarle sus años americanos. Cuando a Chaplin le preguntaron por las películas que deberían formar parte de la historia del cine no dio más que un solo título: *La traviesa molinera.*
En la deliciosa adaptación de *La señorita de Trévelez* (1936), obra de Arniches, Neville, de vuelta de Estados Unidos, realiza un retrato lleno de delicadeza de la monótona vida de una señorita de una ciudad de provincia. El debú de José Luis Sáenz de Heredia, con una película sobre el ilusorio mundo del cine, es muy prometedor; *Patricio miró a una estrella* (1934), cuenta las aventuras de un personaje un tanto soñador que vive con la esperanza de encontrarse con una estrella del espectáculo. Eduardo García Maroto rueda en clave de humor, en 1934, *Una de fieras, Una de miedo* y *Y ahora...una de ladrones,* tres cortos burlescos en los que parodia esos géneros cinematográficos. Y en 1935, Rosario Pi, la primera realizadora española, rueda con gran eficacia la adaptación de una ópera, *El gato montés* (1935).

2.4. Luis Buñuel y Filmófono

Un lugar aparte hay que reservar a Filmófono, sociedad madrileña dirigida por Ricardo Urgoiti en cuya fundación intervino Buñuel con una aportación personal de 150.000 pesetas. La producción es escasa, cuatro películas entre 1935 y 1936, pero su importancia no hay que medirla sólo por la cantidad de obras producidas. La personalidad de Buñuel, productor ejecutivo, y las opciones ideológicas de Urgoiti, amigo del comunista Juan Piqueras, director de la revista *Nuestro Cinema,* hacen de Filmófono un caso excepcional en el sistema de producción. Aunque no figura como realizador, Buñuel está presente en todos los rodajes. Con métodos americanos pretenden producir películas populares con un tono que marca Carlos Arniches, autor de sainetes que inspiran, por ejemplo, *Don Quintín el amargao* [4] (1935), de Luis Marquina,

---

[4] Luis Buñuel, en 1951, rodará un remedo de esta película bajo el título *La hija del engaño.*

y *Centinela alerta* (1936), de Grémillon. El primero de estos trabajos obtuvo un destacado éxito pero el intento de lanzar una Shirley Temple española, la Mari Tere de *¿Quién me quiere a mí?* (1936), de Sáenz de Heredia, fracasa. La guerra pondrá fin a esta experiencia original y llevará al exilio a Angelillo, intérprete de *La hija de Juan Simón* (1935), de Sáenz de Heredia, que cuenta las desgracias de un sepulturero obligado a enterrar a su propia hija.

2.5. El documental y el cine aficionado

El cine español muy raramente se abre a la realidad de su tiempo y el documental no es el género más cultivado. Pero el advenimiento de la República permite un retorno a esa realidad de la que se hacen eco algunas películas y documentales. Es el caso de *Fermín Galán* (1931), de Fernando Roldán, de *Del prado a la arena* (1933), sobre el torero Juan Belmonte, o *La ruta de Don Quijote* (1935), de Ramón Biadiu. Pero nuevamente es Buñuel, de retorno de Estados Unidos, quien lanza el documental. Gracias al dinero ganado en la lotería por uno de sus amigos anarquistas, Ramón Acín, rueda *Las Hurdes* (1932) que, pese a su carácter documental, encaja perfectamente en la línea de sus obras precedentes. Utiliza procedimientos que recuerdan en cierta manera el hiperrealismo surrealista: la exposición fría y atrozmente técnica sobre el anopheles, agente de transmisión del paludismo, el violento «montaje-collage» entre la miseria de los hurdanos y el esplendor de las iglesias, la cabra abatida por el equipo de rodaje con fines didácticos, el carácter ridículo de una educación desfasada. La República prohibió este excepcional documento. El mejor documentalista, no obstante, es Carlos Velo. Biólogo de formación colabora primero con Fernando G. Mantilla y realiza una serie de documentales sobre aspectos de la realidad histórica y geográfica. *Almadrabas* (1935), consagrado a la pesca del atún en el golfo de Cádiz, marca el punto culminante de su arte: las almadrabas llenas de atunes que los pescadores agarran fuertemente con el arpón para echarlos a la barca, el despiece y la preparación de las conservas son momentos de una rara expresividad heredada de la escuela documentalista inglesa pero con una fuerza muy hispánica. Hay que señalar la importancia del cine amateur que en tiempos de la República alcanza elevadas cotas. Lorenzo Llobet Gracia funda en 1931, con Josep Torrella, la sección de cine del Centro Excursionista del Vallés. *Festa Major* (1934), de Eusebio Ferré, es consagrada como mejor obra amateur extranjera en la Bienal de Venecia. Delmiro de Caralt, que ha constituido la más destacada biblioteca de cine de España, rueda bastantes documentales. Recordemos igualmente la primera película sonora vasca, *Euzkadi* (1933), de Teodoro Ernandorena.

3. UN CINE EN GUERRA
(1936-1939)

El frágil cine español debe afrontar una nueva catástrofe peor que la del sonoro: la Guerra Civil y el franquismo, que barrerán los leves atisbos de descentralización y el tímido acercamiento a la realidad. La situación creada por la sublevación militar modifica sensiblemente su trayectoria económica y estética. Ahora los dos campos disponen de producción propia al servicio de su respectiva ideología. Los centros cinematográficos importantes de Barcelona, Madrid y Valencia, conservados por los republicanos hasta 1939, les permitirán obtener una producción importante (220 documentales). Los franquistas, por su lado, ignoran en un primer tiempo (32 documentales) este medio de propaganda. En fin, la internacionalización del conflicto supone, en ambos lados, una intervención extranjera que tiene su traducción en la pantalla.

1. EN EL LADO REPUBLICANO

Los defensores del régimen democráticamente elegido provienen de horizontes políticos diversos (socialistas, comunistas, anarquistas, regionalistas, ...); sus intereses particulares prevalecerán a veces sobre los de la República cuya capital cinematográfica será Barcelona. Esta eclosión, por perjudicial que parezca desde el punto de vista político, permite una diversificación y una riqueza excepcional para un cine que también estaba en guerra.

1.1. Los anarcosindicalistas

La central anarcosindicalista CNT (Confederación Nacional del Trabajo), fundada en 1911, había creado en 1930 el SUEP, Sindicato Único de Espectáculos Públicos, que le permitía tener una visión de conjunto de toda la cadena del espectáculo cinematográfico. Al inicio de las hostilidades requisa en Barcelona los estudios Orphea y Trilla. Los anarquistas, que se dan cuenta de la importancia del cine, van a hacer de él un eficaz instrumento de propaganda. El director de la revista *Popular Film*, Mateo Santos, rueda ya en julio de 1936, a partir de trabajos de Ricardo Alonso, el primer documental de la Guerra Civil: *Reportaje del movimiento revolucionario en Barcelona*. Esta inmediata respuesta a la sublevación militar une la violencia verbal con la dureza visual y en ella los enemigos quedan bien señalados: «los militares sin honor» y «los cuervos de la Iglesia». La desmesura en el reportaje será recuperada luego por los franquistas con fines de contrapropaganda, y filmarán escenas de enorme violencia como la de las momias de religiosas expuestas a la puerta del convento de las Salesas. La producción de cortometrajes, más de sesenta, es claramente militante: *Barcelona trabaja para el frente* (1936), de M. Santos, plantea el problema de la alimentación de las tropas y la amenaza del racionamiento, *Prostitución* (1936) alerta contra esta práctica, *El frente y la retaguardia* (1937), de Joaquín Giner, es un mensaje de libertad al género humano, y *Bajo el signo libertario* (1937), expone los principios libertarios aplicados, parcialmente, en Aragón.

La ficción también permite instruir: *Barrios bajos* (1937), de Pedro Puche, y sobre todo *Aurora de esperanza* (1937), de Antonio Sau, son películas neorrealistas realizadas antes de su hora. La influencia del realismo poético se deja sentir en *Barrios bajos*, obra en la que un joven abogado asesino y una joven muy cortejada se refugian en casa de un estibador de buen corazón. El estilo, desmañado, recuerda, a veces, el cine negro de Duvivier o de Carné. *Aurora de esperanza*, por contra, es un logro en lo que se refiere a su progresión dramática, y la imagen en la que Juan, el parado que se rebela para que nazca un día nuevo, explica a su hijo «que aquí también hay hombres que se van a encargar de repartir los juguetes», es emocionante. El cine anarquista se orienta también por otras vías sorprendentes como sucede en *¡Nosotros somos así!* (1937), de Valentín R. González, comedia musical escrita en verso con una cierta dosis de admiración por Betty Boop y el cine de animación americano. Del resto de la producción habría que retener la comedia *Nuestro culpable* (1937), de Fernando Mignoni, *Paquete,*

el fotógrafo público número uno (1938), de Ignacio F. Iquino, en el que intervienen Paco Martínez Soria y Mary Santpere, dos cómicos que harán carrera, y *¡No quiero... no quiero!* (1938), de Elías, sobre un texto de Benavente y cuya ambigüedad de tono le valdrá el seguir siendo distribuída después de la guerra. A partir del verano de 1937, la producción anarcosindicalista empieza a flojear sensiblemente.

1.2. Los comunistas

El partido comunista propone frente a la sublevación militar una tesis unitaria; su cine es más didáctico que el de los anarquistas. El número de los documentales supera los sesenta mientras que la ficción es muy escasa. La productora Film Popular, que distribuye también películas soviéticas, es la que mejor presenta las teorías marxistas. El deseo de unidad aparece con claridad en *Mando único* (1937), de Antonio del Amo, y en *Por la unidad siempre* (1937), del documentalista Fernando G. Mantilla. La lucha armada popular contra el fascismo es el común tema de *Ejército popular* (1937), *El ejército del pueblo nace* (1937) y *Soldados campesinos* (1938). Algunos episodios fundamentales de la guerra son el centro de interés de algunos documentales esenciales como *La defensa de Madrid* (1936), de Ángel Villatoro, *Con el campesino* (1937), de Valentín González, y *El paso del Ebro* (1937), de Antonio del Amo. Lo que tiene de interesante toda esta producción es su profunda unidad y la calidad de algunos directores que participan en la lucha, junto a los comunistas, a través de la imagen: Del Amo, Gil, Serrano de Osma, Ruiz Castillo, Mantilla y hasta el mismo Buñuel con la destacada obra de montaje *Madrid 1936 o España leal en armas* (1937), distribuida por Filme Popular. Este largometraje, montado por Jean-Paul Le Chanois, recorre la historia de España desde la salida del país de Alfonso XIII y la proclamación de la República hasta la guerra; el montaje, especialmente eficaz, opone el oscurantismo religioso de los rebeldes a la alegría revolucionaria de los republicanos.

El noticiario semanal *España al día*, creado en enero de 1937 por Laya Films, casa productora de la Generalitat, es editado también por Film Popular, quien, a partir de 1937, realiza su propia versión en castellano.

1.3. La producción gubernamental

La situación militar hace difícil y compleja la apreciación del trabajo de propaganda efectuado por el gobierno de la República pero, de una manera global, los documentales tratan de justificar las posiciones de los líderes: *Discurso del Presidente de la República Don Manuel Azaña* (1937), *Ejército regular* (1937) y *Los trece puntos* (1938).

Foto fija número 3

EL EXILIO

Una de las dramáticas consecuencias de la guerra fue la salida hacia el exilio de numerosos artistas que sustentaron un cine español de antes del conflicto. Algunos huían del nuevo régimen, como fue el caso de Angelillo, cuyo nombre fue proscrito en España, de Margarita Xirgu, la gran actriz, o de Alberto Closas. Algunos célebres autores que habían mostrado un cierto interés por el séptimo arte también tomaron el camino del exilio: Rafael Alberti, Manuel Altolaguirre, que había escrito junto con Buñuel el guión de *Subida al cielo,* Max Aub o Alejandro Casona. El exilio de los directores fue evidentemente dramático y tuvo consecuencias insospechadas en la creatividad del cine español. Luis Alcoriza ha sido el colaborador de Buñuel en *El gran calavera, Los olvidados, Él y El ángel exterminador,* pero también se trata de un gran realizador de quien conviene recordar *Tiburoneros* (1962), sobre los pescadores de tiburones, *Mecánica Nacional* (1971), sátira de la sociedad mexicana, y *Presagio* (1974), sobre un guión de Gabriel García Márquez. Carlos Velo prolonga su carrera en México y realiza dos obras esenciales, *Torero* (1956), el mejor ensayo rodado sobre el mundo de la tauromaquia, y *Pedro Páramo* (1966), lograda adaptación de la novela de Juan Rulfo. No obstante, la figura más excepcional del exilio es, sin duda alguna, Buñuel, que se instala en México para realizar allí un buen número de obras maestras. A partir de 1963, en colaboración con Jean-Claude Carrière, rodará también algunas películas en Francia. Aunque teniendo en cuenta el desastre que supuso el exilio para el cine español, no habrá sin embargo que olvidar que un buen número de cineastas que habían comenzado su carrera bajo la República, e incluso habían tomado abierto partido por ella durante el conflicto, fueron luego los pilares del cine franquista: Benito Perojo, Edgar Neville, Florián Rey, Eduardo G. Maroto, José Luis Sáenz de Heredia, Rafael Gil, Juan de Orduña, Luis Lucia o Antonio del Amo.

La Generalitat, gracias a Laya Films, edita *Espanya al día*, actualidades semanales, a partir de enero de 1937. Al frente de este proyecto se encuentra Joan Castanyer, productor de *Un día de guerra en el frente de Aragón* (1936). El centenar de documentales se ocupa ante todo del conflicto pero no desdeña hacer excelentes descripciones del pueblo catalán, trabajador y pacifista. Del número de sus colaboradores habría que retener los nombres de Ramón Biadiu, Manuel Berenguer y Juan Mariné. Al finalizar las hostilidades, Laya Films dispone de 90.000 metros de película y de más de 130.000 para la distribución que serán requisados por los franquistas.

En el país vasco, Nemesio Sobrevila rueda *Guernika* y *Elai-Alai*. El primer trabajo, uno de cuyos episodios evoca la salida de niños vascos hacia Bélgica e Inglaterra, conoció tal éxito que la MGM compró los derechos de distribución para Estados Unidos. El segundo, más anecdótico, es un homenaje a un grupo de jóvenes danzarines vascos.

1.4. La solidaridad internacional

En un arranque de solidaridad nunca conocido, numerosos cineastas extranjeros van a tratar de denunciar la sublevación militar, cada uno a su modo. La Unión Soviética envía en septiembre de 1936 a sus operadores Roman Karmen y Boris Makaseiev. Realizan una serie de documentales bajo el título *Ksobitjan v Ispanii, 1936-1937* (*Hechos de España, 1936-1937*) e *Ispanija* (1936), que son verdaderas obras maestras del género. Cabe recordar también un reportaje acerca de los niños refugiados, *Nuevos amigos* (1937). Joris Ivens, con la ayuda de Dos Passos y de Hemingway, que lee los comentarios, «reconstruye» la realidad en una obra espléndida: *Spanish Earth (Tierra de España,* 1937), en la que los labradores cultivan las tierras para los republicanos que luchan en el frente a 25 km de allí. El inglés Ivor Montagu construye *La defensa de Madrid* (1938) en tres tiempos: *El asalto contra un pueblo: España, La defensa de la libertad* y *La ayuda mundial*. La contribución mexicana es más modesta con el documental *Llegada de niños españoles a Veracruz* (1937) y la ficción *Refugiados en Madrid*

(1938), de Alejandro Galindo. La sociedad americana Frontier Films produce *Heart of Spain* (1937), de Herbert Kline, obra humanitaria sobre el patetismo de la guerra, y su continuación *Return to Life* (1938). Los americanos producen también ficciones que tímidamente apoyan a la República. La más comprometida es *Blockade* (1938), de William Dieterle, en la que Henry Fonda es un campesino que toma parte decidida por la República. Más ambiguas y con menor compromiso, *The Last Train from Madrid* (1937), de James Hogan, con Dorothy Lamour, y *Love under Fire* (1937), de George Marshall, utilizan la Guerra Civil como un simple telón de fondo.

De todas las obras que inspira la Guerra Civil, *Sierra de Teruel* (*L'Espoir,* 1938), de André Malraux, es la más hermosa. La película, que no trata más que la tercera parte de la novela (*Les Paysans)* y que introduce situaciones nuevas, es el punto de partida del neorrealismo europeo. Son muchos los fragmentos antológicos: desde un aeroplano en vuelo un campesino que no reconoce sus tierras, un automóvil que se lanza contra un cañón, la maravillosa escena final, que recuerda a Mantegna y su Cristo yacente cuando el cortejo desciende por la montaña. Malraux y Max Aub montan la película que se ofrece en París el 19 de julio de 1939... cuando la guerra ya ha terminado.

2. DEL LADO DE LOS FRANQUISTAS

El cine de los franquistas se caracteriza por una fuerte unidad que no es más que la traducción del monolitismo fascista, pero que permite una gran eficacia en la propaganda. En el plano material, los rebeldes disponen de estudios en Cádiz y en Córdoba. En el exterior, los franquistas encuentran apoyos naturales en los fascismos europeos: en Italia, Portugal y Alemania.

2.1. La Falange

Hasta abril de 1937 la Falange goza de una cierta independencia y dispone de su propio departamento de prensa y propaganda bajo la dirección de Vicente Cadenas. Antonio Calvache dirige el sector cinematográfico que, por falta de medios, trabaja en colaboración con sociedades privadas como Ufilms o Films Patria. El primer documental, *Alma y nervio de España* (1936), de Joaquín Martínez Arboleya, se rueda en Marruecos. El decreto de unificación (abril 1937) provoca la salida de Cadenas y la promoción del Departamento de prensa y propaganda de la Falange al rango de órgano nacional. Al frente de este nuevo organismo colocan al sacerdote vasco Fermín Yzurdiaga que cuenta con la colaboración de Dionisio Ridruejo, de José Antonio Giménez Arnau y del carlista Eladio Esparza. El órgano se convierte de inmediato en un instrumento de propaganda franquista. De los siete documentales producidos por la Falange puede destacarse *Frente de Vizcaya y 18 de julio* (1937), medio metraje que hace responsables a las tropas republicanas de la destrucción de Guernica, y *Derrumbamiento del ejército rojo* (1938), sobre la batalla de Teruel. La Falange organiza en Argentina una sección de cine destinado al público latinoamericano.

2.2. El papel de Cifesa

El papel que desempeña la sucursal de Cifesa en Sevilla es determinante. El equipo de rodaje está compuesto por Fernando Delgado (realizador), Alfredo Fraile y Andrés Pérez (operadores) y Eduardo G. Maroto (montador). El tema de la reconquista del territorio está siempre presente en *Asturias para España* (1937), *Bilbao para España* (1937) o *Sevilla rescatada* (1937). Cifesa produce también otras obras dedicadas a diferentes cuerpos del ejército como *Homenaje a las brigadas navarras* (1937). La película que marca el punto culminante de este proceso de exaltación franquista es *Ya viene el cortejo* (1939), de Carlos Arévalo, que presenta las imágenes del primer desfile organizado en Madrid por los vencedores. La producción de Cifesa, relativamente modesta, cuenta con 17 títulos montados en Lisboa.

2.3. El Departamento Nacional de Cinematografía

El Departamento Nacional de Cinematografía se creó en 1938. Los servicios de prensa y propaganda dependen ahora del Ministerio del Interior dirigido por el cuñado de Franco, Ramón Serrano Súñer. Ridruejo es el director de propaganda y Manuel Augusto García Viñolas es el director del Departamento. Estos cambios son puramente formales y la producción global no va a experimentar modificaciones sensibles. Cabe señalar la realización de 19 números del *Noticiario Español*, actualidades rodadas por García Viñolas, como *Llegada a la patria* (1938) y *Prisionero de guerra* (1938). Entre las colaboraciones cabe reseñar la de Neville y sus tres cortometrajes: *La ciudad universitaria* (1938), *Juventudes de España* (1939) y *¡Vivan los hombres libres!* (1939). La génesis de *Romance marroquí*

(1938-1939) es bastante curiosa en la medida en que esta obra, producida por CEA (Cinematografía Española Americana, S.A.), utiliza imágenes rodadas primero en Marruecos por Carlos Velo y montadas luego por Enrique Domínguez Rodiño con fines de propaganda franquista, lo que dice mucho acerca del carácter polisémico de la imagen documental.

2.4. El cine español en el extranjero

El conflicto y la desorganización correspondiente fuerzan a algunos artistas a buscar en el extranjero las estructuras capaces de producir cine de ficción. A finales de 1937 se funda en Berlín la Hispano-Film Produktion dirigida por Norberto Soliño y por el alemán Johann Ther con la participación de antiguos colaboradores de Cifesa. El cine producido tiende a la españolada y sus presupuestos ideológicos (los tópicos de la España folcló-rica, el carácter racial de algunas producciones y la exaltación nacionalista) se corresponden con los de los rebeldes y sus aliados. Florián Rey rueda el filme *Carmen la de Triana* (1938), a partir del texto de Merimée, con la estrella Imperio Argentina; Perojo realiza *El Barbero de Sevilla* (1938) sobre el texto de Beaumarchais. La producción más interesante es *España heroica* (1937), de Joaquín Reig, que va a utilizar para el montaje material proveniente de los dos campos. La contribución nazi, muy modesta, se limita, sobre todo, a *Legión Cóndor* (1939), a la gloria de los pilotos alemanes, y *Kamaraden auf See* (1938), de Heinz Paul.

La Italia fascista, a través de L'Istituto Nazionale Luce sostiene la causa franquista en *Arriba Spagna* (1936), *Battaglia dell'Ebro* (1938) o *¡España, una, grande, libre!* (1939). El Portugal salazarista ofrece por su parte los estudios de la Tobis en Lisboa y la película *O caminho de Madrid* (1936), del cineasta Anibal Contreiras.

4. LOS AÑOS DE LA AUTARQUÍA (1939-1950)

La victoria franquista provoca la salida del país de numerosos artistas y la instauración de una censura que amordaza hasta la más mínima veleidad contestataria. La producción española ha de limitarse a dar un apoyo directo al régimen y a servir a sus intereses, lo que no es óbice para que algún cineasta logre en ese empeño alguna muestra de modernidad. El Instituto de Investigaciones y Experiencias Cinematográficas, fundado en 1947, llena un vacío que permite a los jóvenes formarse en las diferentes facetas del cine. La producción tiende a estabilizarse: 1939 (10 películas) — 1940 (24) — 1941 (31) — 1942 (52) — 1943 (49) — 1944 (33) — 1945 (31) — 1946 (38) — 1947 (49) — 1948 (44) — 1949 (36) — 1950 (49).

1. EL CINE FRANQUISTA

1.1. El bozal

Las autoridades franquistas habían fijado los principios generales de la censura (18 de noviembre de 1937) que inspiran la *orden* de 2 de noviembre de 1938: «Dado que el cinematógrafo ejerce una innegable y enorme influencia sobre la difusión del pensamiento y sobre la educación de las masas, es indispensable que el Estado vigile siempre que haya algún riesgo que pueda apartarle de su misión». Los dos organismos censores, la Comisión de Censura Cinematográfica y la Junta Superior de Censura Cinematográfica, en la que se encuentra García Viñolas, son supervisados por el ejército y por la Iglesia, dos pilares del régimen. Hasta 1945, más de diez *órdenes* conforman un proyecto censor que permite un control sobre todas las etapas de la creación cinematográfica. Para la producción hispana, la censura actúa sobre el guión, sobre la obra acabada (imágenes, sonidos y títulos), sobre el material publicitario y también sobre el sistema de protección financiero del Estado que puede cubrir hasta el 40% del presupuesto. La creación del NO-DO (Noticiarios y Documentales Cinematográficos), en diciembre de 1942, hace que los documentales pasen a ser un monopolio del Estado hasta su desaparición en 1976. Cuando la película viene del extranjero la censura ejerce su derecho de supervisión tanto sobre la obra (imágenes, sonido y títulos) como sobre el material publicitario, al igual que sobre una cinta española y, además, el monopolio del NO-DO prohíbe la proyección de cualquier documental extranjero. No obstante, la medida más dañina es la obligación de doblar las películas (23 de abril de 1941). Lo que provocan los censores al querer defender la lengua española es un desbordamiento de películas extranjeras, sobre todo americanas, que ponen en peligro la producción nacional. Esta importación, que permite pese a todo alimentar un fondo de ayuda al cine, está estrechamente asociada a la producción de obras nacionales (18 de mayo de 1943): las licencias de importación no se conceden más que a quienes producen obras nacionales dignas, algunas de las cuales reciben la mención de *Interés nacional* que lleva implícitas una serie de ventajas. Con el fin de proteger el cine nacional, las salas se comprometen a proyectar, una semana de cada seis, películas españoles (*cuota de pantalla*— 15 de junio de 1944). La censura afecta a la violencia —frecuentemente condenada—, a la moralidad de las costumbres y a la decencia pública, sobre las que el clero es celoso vigilante llegando hasta controlar la longitud de las faldas y de las mangas de los vestidos y a lanzar invectivas contra los bailes, moralmente peligrosos. La censura política la ejercen unos individuos carentes de sentido cinematográfico y funciona de un modo arbitrario modificando hasta el absurdo el contenido de las obras y obligando permanentemente a los creadores a la autocensura. Las divergencias de puntos de vista entre las autoridades civiles y religiosas llevó a estos últimos, más estrictos en el campo de la moral, a crear la Oficina Nacional Clasificadora de Espectáculos (8 de marzo de 1950), cuyos criterios clasificatorios dividían las películas en cinco categorías: 1. Para todos los públicos, 2. Para jóvenes, 3. Para adultos, 3-R Para mayores con reparos, 4. Gravemente peligrosa.

1.2. La propaganda franquista

El régimen se aprovecha de su victoria para tratar de promover un cine que ofrezca el mensaje ideológico y estético de los nuevos amos. El cine belicista se constituye, pues, en género al menos durante un corto período de tiempo, y su primer modelo es *L'Assedio dell'Alcazar* (1940), del italiano Augusto Genina, que cuenta uno de los episodios heroicos de la Guerra Civil. Pero el modelo oficial del régimen es *Raza* (1941), de Sáenz de Heredia, sobre un guión de Jaime de Andrade, seudónimo del dictador Franco. A finales de 1940 o a inicios del 41, el Caudillo redacta el texto de *Raza*, cuya escritura parece albergar la secreta intención de estar destinado a la pantalla. Se trata de un fresco de la España de 1898 a 1939 a través del destino de la familia Churruca. La miserable ideología de que son portadores el texto y su autor no es óbice para que la película tenga algún mérito, al menos en cierto aspecto: compendio como es del pensamiento franquista arrastra consigo una cierta estética; una lectura psicoanalítica del mismo permite captar el contenido latente, la dimensión autobiográfica. El relato, una transposición lamentable del destino del autor, tiene en cuenta algunas de las muchas frustraciones de Franco y de la pequeña burguesía a la que pertenece, para lo que se construye una doble imagen: el Caudillo, ser mítico e intocable, y el oficial de infantería José Churruca. De un padre apenas presente y de una moralidad dudosa, se hace aquí un héroe muerto en Cuba, y del hermano leal, Ramón, se hace un político con simpatías republicanas. Estéticamente la obra toma algunos supuestos del cine soviético de los años veinte en los que la expresividad nace del montaje y de la construcción de encuadres especialmente osados, como en la escena de la ejecución de sacerdotes, que no carece de fuerza. *Raza*, caso único, no tendrá continuación. En 1950, un nuevo montaje más «espiritual» y menos «racial» se proyectará con el título de *Espíritu de una raza.*

Se realizan algunas otras películas de carácter abiertamente belicista tratando de imitar al modelo *Raza*, pero lo cierto es que pertenecen más bien al clásico género de guerra. El primero que realiza una película sobre la Guerra Civil es el sorprendente Neville con una especie de respuesta a Malraux, *Frente de Madrid* (1939), que acaba con una asombrosa escena en la que un falangista y un comunista se ayudan mutuamente en el momento de la muerte. Respondiendo al mismo tiempo a una necesidad histórica y a un modo exótico, *L'uomo della legione* (1940), del italiano Romolo Marcellini, *Harka* (1941), de Carlos Arévalo, y *¡A mí la Legión!* (1942), de Juan de Orduña, exaltan la legión y el ejército africano. *Escuadrilla* (1941), de Antonio Román, y *Alas de paz* (1942), de Juan Parellada, rinden homenaje a la aviación. La marina, que en su conjunto fue fiel a la República, no tuvo la misma suerte, ya que la única película que se le consagró, *El crucero Baleares* (1941), de Enrique del Campo, fue prohibida y destruida por oscuras y desconocidas razones. El anticomunismo es un dato constante de la mayor parte de estas obras, como *Boda en el infierno* (1942), de Antonio Román, filme involuntariamente surrealista en el que un capitán de la marina mercante española, cuya prometida reside en Madrid, realiza un matrimonio de conveniencia con una rusa blanca para ayudarla a salir del «infierno» soviético; pero estalla la guerra y los republicanos, que quieren apoderarse del navío, ejercen un odioso chantaje sobre la novia, que será liberada gracias a las relaciones de la ex-esposa del capitán que se ha convertido mientras tanto en una bailarina en París.

El pragmatismo franquista, obviamente, no es la circunstancia más propicia para promover e inspirar un cine estéticamente original; pero a finales de los años 40 se divisa un cierto declinar de la guerra. Las heridas aún están abiertas pero el pueblo aspira a algo más que a un perenne recuerdo del conflicto fratricida.

Foto fija número 4

MISERIAS CINEMATOGRÁFICAS DEL FRANQUISMO

No ha habido cine franquista. La proposición puede parecer extraña, pues lo cierto es que los vencedores, durante casi cuarenta años, cubrieron con una espesa capa de oscurantismo al pueblo español. Sin embargo, no ha habido cine franquista... o muy poco. Si alguien quisiera establecer un paralelismo con el cine nazi la comparación sería nefasta. Por un lado, por el alemán, nada se deja al azar: confiscación del aparato de producción (en 1937 el 95,33 % del capital de la UFA lo ostenta el Tercer Reich), vigilancia absoluta e incesante de Goebbels que interviene personalmente en todos los niveles de la creación, esbozo de una estética «aria» en Veit Harlan o en Leni Riefenstahl. Por el otro, por el español, una censura minuciosa, sí, pero de una estupidez rayana en el absurdo con decisiones absolutamente arbitrarias en las que un militar ignorante o un oscuro religioso cortan las películas sin más criterio que el de su estrecha conciencia o su moralidad; una producción que sigue siendo independiente (incluso en el caso de Cifesa, cuyas afinidades con el poder son de sobra conocidas); y, sobre todo, una estética que se anda buscando sin encontrarse —el embrión que representa *Raza* no tiene continuidad. La estupidez de los censores les lleva a añadir al final de *Ladrón de bicicletas*, de Vittorio de Sica, (1948) la siguiente frase: «Pero Antonio no estaba solo. Mientras el hijo le coge de la mano le dice que llegará un futuro lleno de esperanza». La censura transforma la adúltera pareja formada por Grace Kelly/Donald Sinden en *Mogambo* (1953), de Ford, en una pareja incestuosa. A Gustav von Aschenbach le hacen decir «Hijo mío» en lugar de «Te amo» mientras mira a Tadzio en *Muerte en Venecia* (1971), de Visconti. Sin embargo, la estupidez tiene la extraordinaria facultad de dejar escapar paños enteros de libertad: el antifranquista documento *Vida en sombras* se les coló como el agua por la red; Bardem, Berlanga o Saura consiguen construir sus obras; Buñuel se burla miserablemente de los censores en *Viridiana*; y Luis María Delgado hace la apología de la homosexualidad en *Diferente*. Si sus víctimas no hubieran sido tan numerosas, la censura franquista no habría pasado de ser un chiste burdo. Lamentablemente, el peso del franquismo ha sido de tal envergadura que sus consecuencias interiores nada tienen que envidiar a las repercusiones exteriores. Los españoles, ciertamente, no consiguieron ver el cine que hubieran querido, pero los bien pensantes del mundo entero olvidan que hasta en tiempos de dictadura hay creadores capaces de producir obras de gran interés.

---

2. UNA CIERTA IDEA DE ESPAÑA

2.1. Exaltación nacional y xenofobia

La producción española va a buscar muy pronto, en otras direcciones, razones para exaltar el nacionalismo. Esta evolución es debida sobre todo al hundimiento de las potencias del Eje y a la eliminación de los sectores más falangistas y germanófilos del poder.

Los episodios más gloriosos de la historia de España suministran material precioso a quienes tratan de inscribir el régimen en la continuidad histórica de la que se reclaman. El censor García Viñolas rueda con el portugués Leitao de Barros la vaporosa *Inés de Castro* (1944), parangón del cine de *cartón piedra y peluca*, que permite consagrar a un personaje femenino. La mujer que allí encarna, en un contexto tradicionalista, la imagen de la continuidad y de la fecundidad se identifica con la imagen de la madre patria tan querida al régimen. *Eugenia de Montijo* (1944), de López Rubio, y *Reina Santa* (1946), de Gil, recuperan respectivamente la imagen de la emperatriz y de

Isabel la Católica. Pero el fenomenal éxito de *Locura de amor* (1948), que Juan de Orduña rueda para Cifesa, vuelve a lanzar el género. Nueva versión del melodrama del cine mudo, evoca el trágico destino de Juana, esposa de Felipe el Hermoso y madre de Carlos V, que cae progresivamente en una locura provocada por un marido infiel y ambicioso. Aurora Bautista en el papel de Juana consigue poner acentos trágicos en este melodrama en el que la fuerza anímica de la mujer sólo tiene paralelo en la mediocridad y cobardía de los hombres. Ya en racha, Orduña rueda *Agustina de Aragón* (1950), sobre la defensa heroica de Zaragoza contra las tropas napoleónicas, *La leona de Castilla* (1951), sobre el episodio histórico de los comuneros y *Alba de América* (1951), dedicada a Colón y canto del cisne del género.

La historia se toma de ahora en adelante de una manera menos personalizada y los cineastas se quedan con episodios que colman el orgullo de los españoles. Este sentimiento va acompañado a veces de xenofobia no disimulada: hacia los flamencos en *Locura de amor* y, sobre todo, hacia los franceses, a través de la Guerra de la Independencia, en *Agustina de Aragón*, y en *El tambor del Bruch* (1948), de Ignacio F. Iquino, que recupera una leyenda en la que se evoca el éxito de un joven cuyo tambor pone en fuga al invasor. La evocación del heroísmo español en las colonias va a dar lugar a uno de los más resonantes éxitos de la época, *Los últimos de Filipinas* (1945), de Antonio Román. La película mezcla un fuerte sentimiento nacional con una importante carga de exotismo. La exaltación de los valores militares encuentra su mejor manifestación en *Alhucemas* (1948), de López Rubio, con la joven Sara Montiel.

2.2. El «cine de levita» y la adaptación literaria

El *cine de levita* privilegia la reconstrucción de épocas pasadas, con marcada preferencia por el siglo XIX, y busca su legitimidad en el texto literario. Los ropajes, los decorados, a veces grandiosos, constituyen el telón de fondo sobre el que se fraguan conflictos e intrigas cuya salida sigue siendo absolutamente moralizante. *Goyescas* (1942), de Perojo, juega un papel fundamental en el emerger de este tipo de cine. Durante la Guerra Civil, el autor había rodado películas folclóricas o cómicas en Alemania y en Italia, aunque evitando siempre el compromiso político. En *Goyescas*, según el texto de Fernando Periquet, ofrecen a Imperio Argentina —que acaba de rodar *Tosca* (1940), iniciada por Renoir— un doble papel: el de Duquesa de Alba y el de maja popular. El original intento de integrar a la imagen una banda sonora tomada de las obras de Enrique Granados hay que situarlo en el haber de la obra. Su éxito abre una brecha por la que entra, entre otros, Antonio Román, que da lo mejor de su cine en *Lola Montes* (1944). Perojo, que no se encuentra a gusto en la España de la posguerra, se va a Argentina para rodar allí, de 1943 a 1948, numerosas películas.

Foto fija número 4

DON QUIJOTE DE LA MANCHA

Muy pocos años habían transcurrido desde el nacimiento del cine cuando ya los cineastas se sumergieron a fondo en la literatura para encontrar allí una fuente de inspiración. Y como nadie es profeta en su tierra hubo de ser en Francia donde apareciera por primera vez en la pantalla Don Quijote de la Mancha. Lo hizo de las manos de Ferdinand Zecca y Lucien Nonguet que rodaron un *Don Quichotte* en 1902: la película tenía 430 metros, es decir, unos 16 minutos de duración, cosa excepcional para la época. En 1908, *Les aventures de Don Quichotte* figuran en el catálogo de Meliès y, en 1909, Emile Cohl realiza unos dibujos animados sobre el personaje. Hasta 1910 no aparece la primera versión española, el *Don Quijote de la Mancha* rodado por el catalán Narcís Cuyàs. Las adaptaciones no han cesado de multiplicarse: en Francia, Camille de Morlhon rueda *Don Quichotte* en 1913, en Italia, la Cines presenta un *Don Chisciotte* (1910) y Amleto Palermi adapta *Il sogno di Don Chisciotte*, en 1915; en Estados Unidos, Edward Fillon realiza *Don Quichote* (1915); Maurice Elvey rueda una versión británica de *Don Quixote* en 1923 y Lau Lauritzen otra danesa en 1926 con los cómicos Doblepata y Patachón. Con la llegada del sonoro aparece la primera versión importante, el *Don Quichotte* (1932) que realiza G.W. Pabst, sobre un guión de Paul Morand, y con el gran bajo ruso Fedor Chaliapine prestando su silueta y su voz al personaje. En 1935, el catalán Ramón Biadiu rueda el documental *La ruta del Quijote*, y hay que esperar hasta 1947 para que España ofrezca una primera versión sonora de esta obra maestra: es el *Don Quijote de la Mancha* de Rafael Gil, con Rafael Rivelles, de una gran fidelidad hacia el original. Otra obra igualmente fiel al espíritu y a la letra de la novela la rueda el ruso Grigori Kozintsev: su *Don Quijote* (1956) tiene como principal intérprete a Nikolai Tcherkassov, el genial Iván el Terrible. Las obras posteriores no ofrecen gran interés; se trata de medio metrajes para niños, *Aventuras de Don Quijote* (1961), de Maroto, o del díptico de Carlo Rim, *Don Quijote y Dulcinea del Toboso* (1965). La adaptación de la comedia musical *El hombre de la Mancha* (1972), de Arthur Hiller, no aporta gran cosa al personaje de Cervantes pese a la interpretación de Peter O'Toole. En 1973, el mexicano Roberto Gabaldón rueda *Don Quijote cabalga de nuevo* con dos actores de excepción: Fernán Gómez en el papel de Don Quijote y el gran cómico mexicano Cantinflas en el de Sancho. Televisión Española, por su parte, ha propuesto dos versiones de la obra: *Don Quijote* (1985), de Maurizio Scaparro, y el destacado trabajo de Gutiérrez Aragón en *El Quijote* (1991), con Fernando Rey y Alfredo Landa en los dos papeles principales. Hay también unos dibujos animados de gran calidad de Cruz Delgado, *Don Quijote de la Mancha* (1981). La magistral obra de Cervantes inspiró también a uno de los mejores creadores del cine: Orson Welles. Su *Don Quijote*, iniciado en 1957, nunca vio la luz. Hasta 1992 no se presentó una versión, montada por el genial Jesús Franco. En los principales papeles encontramos a Francisco Reiguera y Akim Tamiroff. Jesús Franco, que había dirigido el segundo equipo de *Falstaff*, supo reinventar una película mítica con una gran fidelidad y sin servilismo alguno.

Las novelas de Pedro Antonio de Alarcón van a dar lugar a muchas adaptaciones de calidad, entre ellas *El escándalo* (1943), de Sáenz de Heredia, que evoca la vida de Fabián, joven libertino que deja su vida de bohemia por Gabriela, la mujer a la que ama. Esta vida licenciosa, uno de los rasgos de este tipo de protagonista, acaba siempre con una acción redentora. La obra de Palacio Valdés también entra en el juego de las adaptaciones, así como la del padre Coloma de quien se llevan al cine *Boy* (1940), de Antonio Calvache y la espléndida *Pequeñeces* (1950), de Orduña, que recupera los actores de *Locura de amor*, Aurora Bautista, Jorge Mistral y Sara Montiel: Paquito, hijo de la aristocracia, es poco menos que abandonado a su suerte mientras sus padres llevan una vida de aventuras e intrigas; al ver un día a su madre en brazos de un nuevo amante, se vuelve al colegio y se ahogará al querer salvar a uno de sus compañeros. En una última escena Paquito le explica la lección a su madre desde el más allá.

2.3. El cine clerical

La Iglesia se integra progresivamente en todos los engranajes de la sociedad y marca con su sello los primeros años del régimen de quien es una de sus estructuras censoriales. El descrédito en el que cae la Falange (en 1942 se retira de las carteleras *Rojo y negro*, de Carlos Arévalo, por razones políticas) y la progresiva puesta a punto del aparato militar permiten a la Iglesia ocupar el terreno vacante. Lejos de preocupaciones metafísicas o serias, el cine clerical, que ofrece la imagen de una España bastión del catolicismo, sobrevalora la imagen del misionero, defensor objetivo del sistema colonial. En Guinea Ecuatorial es donde Juan de Orduña sitúa la acción de *Misión Blanca* (1946), que con todo merecimiento es considerado como el primer ejemplo del cine *de estampita*. El padre Javier, misionero en la colonia española, consigue convertir a su propio padre, banquero poco escrupuloso y colono despiadado, pues los misioneros se dedican «a ganar para Dios las almas blancas de los hombres negros y las de los blancos, ya que el pecado no tiene color». Fernando Fernán Gómez, especialista en papeles de misionero [1], interpreta *Balarrasa* (1950), película de transición en la que el personaje principal, Javier Mendoza, antiguo legionario, tras haber llevado una vida desordenada, consagrará su alma a Dios y acabará sus días sepultado bajo las nieves de Alaska. El sobrenombre «Balarrasa» marca perfectamente el temperamento de Javier, cuyo itinerario vital puede ser interpretado como una evolución del régimen, que abandona a sus antiguos aliados para volverse hacia la omnipotente Iglesia. En un registro diferente, *La fe* (1947), de Rafael Gil, presenta a un joven sacerdote que ha de habérselas con una joven enamorada de él; triunfará la fe en este desigual combate.

2.4. Guitarras y clarines

Tras la victoria del franquismo, los cineastas vuelven otra vez hacia los temas folclóricos. Una de las primeras películas que reviven la españolada es *El famoso Carballeira* (1940), de Fernando Mignoni, en la que Carballeira, humilde pescador, consigue levantar una fábrica de conservas gracias a su trabajo; la familia de su mujer, aristócratas venidos a menos, le desprecian. Carballeira acabará convenciéndoles que se merece algo más que desprecio, y su esposa, por las buenas, se apasionará por él. Un lugar aparte merece una obra importante de Luis Marquina, *Malvaloca* (1942) que, pese a situar su acción en Andalucía, no cae en la trampa de la estereotipada imagen de España. Por

su parte inician sus triunfos las folclóricas de la posguerra: Lola Flores debuta en *Martingala* (1940), de Mignoni, Juanita Reina en *La Blanca Paloma* (1942), de Claudio de la Torre, y Carmen Sevilla en la película de Orduña *Serenata española* (1947), homenaje a Isaac Albéniz. Estrellita Castro, que había debutado en 1935, rueda diversas películas durante la guerra, como *Mariquilla Terremoto* (1938), de Perojo, pero su éxito se esfuma y se retira en 1943, no volviendo a hacer más que algunas escasas apariciones. Por cuanto se refiere al mito de la canción española, Conchita Piquer, de corta carrera cinematográfica, participa después de la guerra en tres obras, una de ellas *La Dolores* (1940), de Florián Rey, en la que la gran belleza de una joven sirve de acicate a la maledicencia y da origen a la célebre jota «Si vas a Calatayud...».

Otra imagen de la España eterna, los toros, vuelve a resurgir con *Un caballero famoso* (1942), de José Buchs, primera obra de la posguerra sobre este tema, en la que el joven Rafael se hará torero por amor a la hermosa Eugenia, interpretada por la deliciosa Amparito Rivelles. El mítico torero *Manolete* atrae la atención de Abel Gance quien, en 1944, comienza un *Manolete* del que no rodará más que algunos interiores. Después de su muerte, Florián Rey le rinde homenaje en *Brindis a Manolete* (1948), mientras Luis Lucia rueda la tercera adaptación de *Currito de la Cruz* (1948), uno de los monumentos del *kitsch* español.

---

[1] También hace de misionero en *La mies es mucha* (1948), de José Luis Sáenz de Heredia.

3. LOS CAMINOS DE LA MODERNIDAD

3.1. Edgar Neville y la comedia española

La comedia, libre de las coacciones de otros géneros, deja plena libertad no sólo al talento de los directores sino también a la destacada creatividad de algunos de ellos. En este sentido hay que colocar en un lugar especial y aparte a Edgar Neville, sin el cual el cine de los años cuarenta no tendría el mismo sabor. Da la perfecta medida de su talento con una verdadera obra maestra, *La torre de los siete jorobados* (1944), relato policiaco no desprovisto de humor en el que se mezclan con gusto el expresionismo y lo fantástico en un mundo extraño y laberíntico, pariente de el de Jorge Luis Borges. Al año siguiente propone la deliciosa comedia *La vida en un hilo*, sutil juego sobre el tema del amor y el azar en el que una joven mal casada topa con un mago que le dice que hubiera podido vivir una verdadera vida con otro que ella ha conocido... y que acabará encontrando. *Domingo de Carnaval* (1945), cuya acción se sitúa en el rastro madrileño, es una película policiaca, elegante variación sobre las apariencias y la realidad con el carnaval como telón de fondo. *El crimen de la calle Bordadores* (1946) es otra policiaca en la que Neville sobresale en un ejercicio que adora: la descripción del Madrid pintoresco y cotidiano. Después de *El traje de luces* (1947), obra menor sobre el mundo de la tauromaquia, adapta dos célebres novelas que le permiten evocar la realidad catalana, *Nada* (1947), según la novela de Carmen Laforet y, sobre todo, *El señor Esteve* (1948), deliciosa parodia de ciertas mentalidades. Si *El marqués de Salamanca* (1948) es una obra menos lograda, *El último caballo* (1950), que cuenta las aventuras de un hombre y del caballo que va a salvar, anuncia el neorrealismo español.

Indudablemente la obra de Neville es la más importante de la época, pero hay otros que no le van a la zaga a la hora de realizar exquisitas comedias. Rafael Gil cuenta en *El hombre que se quiso matar* (1942) las desventuras de un joven que, queriendo vivir a fondo sus últimos días antes de suicidarse, se echará atrás en su decisión primera. En *Huella de luz* (1942), nueva adaptación de Wenceslao Fernández Flórez, siempre a medio camino entre la comedia y la tragedia, nos describe el destino de un empleado que consigue realizar su sueño: casarse con la hija de un rico industrial. Sáenz de Heredia, por su parte, vuelve al género con el que empezó en *¡A mí no me mire usted!* (1941) y *El destino se disculpa* (1944). En la primera, un profesor pone a punto un sistema educativo basado en la hipnosis que hace de sus alumnos unos pequeños genios. En la segunda, Teófilo, tras un accidente de coche, se convierte en el Pepito Grillo de su mejor amigo, Ramiro, y le previene contra eventuales peligros. Su cine se expresa perfectamente en sus comedias ligeras no exentas de ramalazos surrealistas, posibles recuerdos de su pasada colaboración con Luis Buñuel en Filmófono. Hay que dar también un lugar de privilegio a Jerónimo Mihura quien, en colaboración con su hermano Miguel, ofrece una película de humor, *Mi adorado Juan* (1949), en la que se destila una filosofía de la vida a través de las aventuras de un joven apasionado de la libertad y enemigo de toda contrariedad. En Cataluña rueda la primera película en color, *En un rincón de*

España (1948), con el sistema Cinefotocolor.

El dramaturgo Miguel Mihura interviene también en los diálogos de la película policiaca *Intriga* (1942), de Antonio Román, donde, con humor, el cineasta mismo es acusado del asesinato final mientras trata de justificarse diciendo: «Las películas policiacas son así». Luis Buñuel consideraba esta obra como la mejor que había visto del cine español. Muy moderna también es la asombrosa *Si te hubieses casado conmigo* (1948), del ruso Víctor Turjansky, en la que una mujer duda entre dos pretendientes y se pone en manos del espectador, al que interpela para resolver su dilema. Estas obras que ponen el acento en la ilusión cinematográfica y en las relaciones entre el actor y el espectador, son muestra de una rara modernidad para la época en que se realizaron.

3.2. Los renovadores

Algunos cineastas jóvenes tratan de hacer un cine diferente. Estos «renovadores» realizan obras importantes en las que la investigación estética y formal se convertirá en una especie de sello distintivo. Carlos Serrano de Osma, muy estetizante, se impone unas exigencias que están muy fuera de su tiempo. *Abel Sánchez* (1946) es una sorprendente adaptación de la novela de Unamuno, autor que no desprendía precisamente olor de santidad, la evocación del destino de un hombre obsesionado por el recuerdo de un antiguo amor. *La sirena negra* (1947), en una adaptación de la novela homónima de Emilia Pardo Bazán, otra novelista de la generación del 98 a la que el régimen no apreciaba en exceso. *Embrujo* (1947), es un intento único que, dejando de lado el fácil cine folclorista, se sumerge en las raíces

profundas del cante andaluz. Con una estructura policiaca, *La sombra iluminada* (1948) traduce las mismas inquietudes estéticas.

Otro renovador, Arturo Ruiz Castillo, llama también la atención con su opera prima, *Las inquietudes de Santi Andía* (1946), a partir del relato de Pío Baroja. Manuel Mur Oti inicia su carrera con *Un hombre va por el camino* (1949), obra rara que constituye una de las primeras manifestaciones del neorrealismo español de la posguerra. Antonio del Amo, que empezó rodando documentales para los comunistas durante el conflicto, interrumpe su carrera hasta 1947, fecha en la que vuelve al mundo del cine con *Cuatro mujeres*, la historia de varios hombres que afirman haber encontrado a una misma mujer en diversos lugares y con diferentes nombres. *El huésped de las tinieblas* (1948) es la adaptación de un relato de Gustavo Adolfo Bécquer, pero su película más curiosa e innovadora es *Noventa minutos* (1949), que hace coincidir el tiempo real y el fílmico contando los temores de un grupo refugiado en un sótano durante el bombardeo.

A Lorenzo Llobet Gracia, proveniente del cine aficionado catalán, debemos una obra esencial: *Vida en sombras* (1947), donde se cuenta la vida de Carlos Durán, un hombre que desde un mundo vecino, el de la fotografía animada, se introduce en el del cine para trabajar como cámara y casarse con Ana. Al principio de la Guerra Civil se ausenta de su casa para rodar algunas secuencias y a su retorno se encuentra a Ana muerta a causa de una bala perdida. Para huir de sus remordimientos se hace reportero en el frente. Años más tarde, en la pensión de Barcelona en la que vive, se encuentra con Clara, que le ayudará a superar la crisis. Esta película, muy adelantada para su tiempo, es una reflexión, a veces desesperada, sobre la imagen y su poder, sobre el cineasta y su capacidad creadora, con homenajes a Cukor y a su *Romeo y Julieta* y a Hitchock y su *Rebeca*. El tono, la iluminación y el destacado papel de Fernán Gómez le dan un carácter innovador; su audacia visual y a veces política —el deliberado antifranquismo de algunas escenas— contribuyen a hacer de la obra una caso único. Llobet Gracia sigue siendo el cineasta de una sola película pero sus cortometrajes están aún por descubrir.

3.3. Las veleidades regionalistas

El carácter totalitario y centralista del régimen sofoca las expresiones regionalistas que habían nacido antes de la guerra. Únicamente Valencia y Barcelona consiguen producir, mal que bien, un cine no madrileño. En Valencia, Cifesa, aun permaneciendo ligada al triunfalismo, ofrece a Luis Marquina, cineasta elegante y sutil, algunas obras no desprovistas de interés como *Noche fantástica* (1943), en la que Pablo, tras un accidente de tren, se detiene en un pueblo con su novia Alicia y allí se prenda de la hermosa propietaria Diana.

Barcelona recupera paulatinamente su actividad: 1939 (2 películas) — 1940 (1) — 1942 (9) — 1943 (7) — 1944 (7). Esta lenta recuperación se debe fundamentalmente a las medidas proteccionistas tomadas por el gobierno y a la necesidad de aliviar los sobrecargados estudios de Madrid y Valencia. El madrileño Aureliano Campa es el personaje clave, pues, entre 1939 y 1943, coproduce, con Cifesa o con otros, hasta 12 películas. Poco a poco Barcelona va convirtiéndose en la capital de subproductos de serie B, poco caros y con apariencia de cosmopolitismo. En torno a Campa se forma un primer núcleo de cineastas: Ramón Quadreny, que rueda *La chica del gato* (1943), y Ricardo Gascón, que realiza una de las escasas películas con tema catalán, *Don Juan de Serrallonga* (1948). Gonzalo Delgrás se distingue por la realización de comedias bien hechas, superficiales y corroídas por dentro por unas criaturas de mala catadura. Ignacio Ferrés Iquino, productor y realizador que reúne en torno a él a un grupo de cineastas jóvenes, encarna una especie de contrapoder frente al centralismo madrileño: su cine, más teatral —como el teatro que triunfa en el Paral·lel— juega con los juegos de palabras y con los equívocos en películas hechas con escasos medios aunque con un rendimiento comercial máximo. A partir de 1944 realiza películas policíacas o psicológicas que prefiguran el cine negro barcelonés de los años cincuenta, del que será el instigador. Este hombre polivalente, mientras produce de ocho a diez películas al año, en las que acapara una buena parte de la realización, especula con terrenos, dirige un cabaret y escribe obras de teatro.

3.4. Los inicios del cine de animación

La primera película de dibujos animados, de 1917, *El toro fenómeno* de Fernando Marco, es una parodia de las corridas de toros. En 1932, Joaquín Xaudaró funda la Sociedad Española de Dibujos Animados, primera estructura destinada a producir los filmes en cuestión. Se producen siete cortometrajes, entre ellos *Francisca, la mujer fatal* (1933), de K-Hito, y *Un drama en la costa* (1933), de Xaudaró. Después de la guerra, Barcelona se convierte en el gran centro de producción en donde se ruedan más de cien cortometrajes y cuatro largometrajes. Baguña Hermanos funda Hispano Grafic y presenta, en 1940, *La isla mágica*. Por su parte, Alejandro F. de la Reguera crea Dibsono Films, que produce *Sos Dr. Marabú* (1940). Las dos productoras se fusionan en 1941 bajo el nombre de Dibujos Animados Chamartín. Francisco Tur crea el personaje de *Don Cleque* y Enrique Dibán realiza la serie *Garabatos* (1943-45), donde se ve a los grandes de la época en forma de caricatura. Por su parte, Arturo Moreno funda en 1942 Diarmo Films que, tras la realización del cortometraje *El capitán tormentoso* (1942), se lanza a lo que será el primer largometraje europeo de dibujos animados: *Garbancito de la Mancha* (1945), que opone a Garbancito, muchacho que vive en un pueblo español, al gigante Caramanca, devorador de niños. A la vista del éxito, el mismo equipo rueda *Alegres vacaciones* (1946-1948). La marcha de Arturo Moreno hacia Venezuela en 1948 y el fracaso del tercer largometraje, *Los sueños de Tai-Py* (1950), del austriaco Franz Winterstein, implican la desaparición de esta importante productora de dibujos animados. El equipo intenta una nueva experiencia realizando para Estela Films un *comic* basado en la historia de Cenicienta cuyo título, *Érase una vez...* (1950), es elegido como consecuencia de las presiones ejercidas por Walt Disney. Habrá que esperar a los años sesenta para ver reverdecer los dibujos animados españoles.

5. LUCES Y SOMBRAS (1951-1962)

Los años 50 representan un momento fundamental de transición entre una pesada autarquía, heredada de la colaboración con las potencias del Eje, y los años del boom. El cine sigue peleando por imponer cada vez más espacios de libertad y los cineastas entran en contacto con la realidad, bien a través de los ensayos del neorrealismo, bien con la comedia costumbrista o con el drama social, o bien, por último, con el cine negro o de humor negro.

En 1951, Carrero Blanco entra a formar parte del gobierno y se crea el Ministerio de Información y Turismo. Gabriel Arias Salgado será su primer ministro y su influencia en el sector cinematográfico será nefasta al ejercer un férreo y constante control tanto sobre los aspectos morales como sobre los políticos. García Escudero, primer director de Cinematografía, hombre de apertura, apenas durará en el cargo un mes desde su nombramiento.

El sistema de control del Estado sobre la producción cinematográfica se transforma. El 21 de marzo de 1952 se implanta por decreto la nueva Junta de Clasificación y de Censura de Películas encargada de evaluar el contenido moral, político y social de las obras y de clasificarlas de la manera siguiente: 1. Películas de interés nacional (subvención del 50 %). 2. Películas de 1.ª categoría A (40 %). 3. Películas de 1.ª categoría B (35 %). 4. Películas de 2.ª categoría A (30 %). 5. Películas de 2.ª categoría B (25 %). 6. Películas de 3.ª categoría (sin subvención). Teniendo en cuenta los prejuicios ideológicos de la Junta, las obras con cierto compromiso social o político son relegadas de inmediato a la irredimible 3.ª categoría. Por lo demás, estos años están marcados por una sensible progresión de la producción: 1951 (41 películas) — 1952 (41) — 1953 (43) — 1954 (69) — 1955 (56) — 1956 (75) — 1957 (72) — 1958 (75) — 1959 (59) — 1960 (73) — 1961 (91) — 1962 (88). Se crea el Festival Internacional de Cine de San Sebastián (1953) y UniEspaña, una estructura encargada de promover el cine español en el extranjero.

1. VOLVER AL TRATO CON LA REALIDAD

1.1. El neorrealismo español

El cine de los primeros años 50 se caracteriza por su constante anhelo de volver a entrar en contacto con la realidad. El fin del aislamiento político implica la progresiva desaparición del aislamiento cultural y, en noviembre de 1951, tiene lugar en Madrid la Primera Semana del Cine Italiano en la que la ausencia de obras capitales y la inclusión de *É primavera* (1949), de Renato Castellani, o de *Pepino e Violeta* (1951), de Maurice Cloche, sólo contribuye a dar una versión edulcorada de la escuela neorrealista, sobreestimando sus logros formales y relegando a un segundo plano sus postulados esenciales, su compromiso moral y cultural, es decir, político. El neorrealismo llega, pues, más de diez años después del fin de las hostilidades, en un momento en el que el país conoce un renacer de la actividad económica y cuando se inicia el retorno a los festivales internacionales.

Mur Oti, con *Un hombre va por el camino* (1949), y Neville con *El último caballo* (1950), pueden ser considerados como precursores, pero la primera obra que rompe con el cine triunfalista es *Esa pareja feliz* (1951), de dos jóvenes cineastas formados en el IIEC, Luis García Berlanga y Juan Antonio Bardem. La película, que empieza con una deliciosa parodia del cine del género de *Locura de amor*, evoca la vida de Juan y de su joven esposa, que ganan el primer premio en un concurso ofrecido por una marca de jabón y que se convierten así, durante un día, en «la pareja feliz». La realidad española aparece en filigrana y la imagen final de la pareja ante un edificio en construcción da un tono agridulce al relato. La obra recuerda el encantador neorrealismo de *Antoine et Antoniette* (1947), de Jacques Becker, y el sainete costumbrista madrileño de Arniches.

Antonio del Amo rueda en el Rastro madrileño *Día tras día* (1951), escrutando con su cámara la vida de dos granujas, jóvenes ladronzuelos en ciernes. La presencia de un sacerdote redentor limita el alcance del relato que sería —salvadas todas las distancias— la versión débil

de *Los olvidados* (1951), de Buñuel. Esta misma influencia se dejará sentir también en una de sus realizaciones posteriores, *Sierra maldita* (1954), que evoca con una fuerza lorquiana la vida en una aldea andaluza sobre la que pesa una maldición.

Pero, lamentablemente, estos novedosos tanteos topan bien pronto con la intransigencia del régimen. En 1951, José Antonio Nieves Conde realiza *Surcos*, que tiene el coraje de evocar el problema del éxodo rural a partir de la vida de una familia andaluza que se instala en Madrid. Comparable a las mejores obras neorrealistas, la película molesta a los sectores más reaccionarios y tuvo que echar García Escudero toda la carne en el asador para conseguir que se clasificara «de interés nacional» frente a *Alba de América* (1951), vástago tardío del cine histórico grandilocuente. La cosa llegó a escándalo y el director de Cinematografía se vio obligado a dimitir. Esta decisión marca claramente los límites de un régimen que no está dispuesto a aceptar la evocación de la situación social de España y que prefiere propalar los sueños de su propaganda.

El fracaso de *Surcos* obliga a los cineastas a limitar seriamente el alcance social y político de sus obras. Pese a todo, algunos consiguen realizar obras menos incisivas pero que insisten en esa idea de mirar la realidad cara a cara. Luis Lucia muestra los suburbios de Madrid en *Cerca de la ciudad* (1952). Comienza con un diálogo sabroso: el cineasta rueda una película en las calles y el operador divisa a un cura en su objetivo: «¡Diantre, hay un cura en el campo visual!», a lo que se le responde: «¡Déjalo! Está de moda meter a los curas en las películas». Y lo cierto es que el cura siempre está en medio pero, con esa excusa, parece como si fuera lícito denunciar la situación social. La realizadora Ana Mariscal posa una mirada más desesperada en su primera obra, *Segundo López* (1952), en la que el protagonista se ve forzado a huir de una ciudad que no le reserva más que desgracias.

1.2. La comedia realista

Berlanga sienta las bases de la comedia realista. *¡Bienvenido, Mister Marshall!* (1952), describe la vida de Villar del Río, pueblo castellano que, transformado para la ocasión en pueblo andaluz, espera en vano la llegada de los americanos cuyos miríficos dólares no serán más que un espejismo. Los fragmentos antológicos son numerosos: los sueños de las personalidades de la aldea, las largas filas de espera de los habitantes en cadena, el alcalde arengando a los suyos desde el balcón consistorial, etc. Prototipo de una comedia a la española, estridente y esperpéntica, *¡Bienvenido, mister Marshall!* es también la única película que se atrevió a atacar de frente el célebre plan americano. Con un guión escrito junto con Bardem y Neville, que ironiza sobre la práctica de los matrimonios de conveniencia, *Novio a la vista* (1954) sitúa su acción a comienzos de siglo para evitar la censura, pero la sociedad cuyos rasgos denuncia es bastante contemporánea. Menos convincente, *Calabuch* (1956), cuyo título inicial *Calabuig* fue censurado por demasiado catalán, es una amable fábula sobre un sabio americano escondido en España. Pese a las muchas dificultades, Berlanga consigue rodar la destacada *Los jueves, milagro* (1957), que cuenta la historia de un pueblo pequeño que se inventa un milagro para atraer a los turistas. El censor estaba tan omnipresente que

Berlanga llegó a ofrecerle que registrara el guión a su nombre. Berlanga es, sin lugar a dudas, el mejor cronista de estos años, pero también hay otros que, con maneras menos tajantes, nos hacen descubrir lo cotidiano de los españoles. Gracias al neorrealismo, las pantallas se abren a la clase social más mimada del régimen, la pequeña burguesía conservadora que pasa a ser la verdadera protagonista. *El andén* (1952), de Eduardo Manzanos, describe la vida de un pueblo y de un viejo jefe de estación que esperan la llegada del célebre, y nuevo en la época, Talgo. Volvemos a encontrar en *Aeropuerto* (1953), de Luis Lucia, ese tono delicioso de la comedia costumbrista en la que se entremezclan con desenfado cinco historias en torno a su título. Sáenz de Heredia recupera el ritmo de sus mejores comedias en una obra maestra del género, *Historias de la radio* (1955), en la que se entrecruzan diversos relatos con un desbordante Pepe Isbert. Antonio del Amo ofrece una comedia sobre el derecho a la pereza en *El sol sale todos los días* (1955). Sobre un tema más delicado Rafael J. Salvia construye *Aquí hay petróleo* (1955), donde la hipotética presencia de petróleo en una aldea castellana transforma la película en una carrera de persecución entre los aldeanos y unos americanos; la película, a imitación de *¡Bienvenido, Mister Marshall!*, zahiere aunque sin acritud a estos últimos, cosa bastante frecuente en la época. El éxito llega también a la comedia *Los ladrones somos gente honrada* (1956), de Pedro L. Ramírez, lograda adaptación de una obra de Jardiel Poncela con dos de los más grandes actores cómicos españoles, Pepe Isbert y José Luis Ozores. Ramón Comas rueda una excelente comedia de carácter neorrealista, *Historias de Madrid*

(1956), en la que la orden de desalojo de un inmueble de un barrio popular consigue enfrentar a los inquilinos contra el malévolo propietario. La comedia conoce uno de sus más grandes logros comerciales con *Las chicas de la Cruz Roja* (1958), de Rafael J. Salvia, que vuelve a poner de moda las películas con historias entrelazadas.

Con Fernando Fernán Gómez la comedia costumbrista encuentra a uno de sus mejores representantes. Este célebre actor es también un director no recompensado con el mismo éxito. Comienza su carrera de una manera bastante discreta, pero *La vida por delante* (1958) marca un cambio de rumbo destacable. Esta película cuenta las desventuras de una pareja — a la manera de *Esa pareja feliz*— enfrentada a múltiples problemas, entre otros el de la búsqueda de un piso donde vivir. Alentado por este éxito, el autor propone una segunda versión, *La vida alrededor* (1959), con menos éxito pese a ser una excelente comedia. En cuanto a *Sólo para hombres* (1960), puede ser considerada como la primera comedia feminista española.

1.3. El cine negro barcelonés

Aunque Cataluña no ha conocido realmente el movimiento neorrealista, la emergencia del cine negro responde a una necesidad semejante de volver a tomar contacto con la realidad. Y no es porque las historias respondan a ese anhelo de realismo sino porque sacan a los cineastas de los estudios y, de la misma manera que el neorrealismo vuelve a descubrir Madrid, el cine negro sirve para desvelar Barcelona. El gran período del cine negro se sitúa entre 1948 y 1964. Es Serrano de Osma quien propone la primera película del género, *La sombra iluminada* (1948), sobre la huida de un psicópata. Pero son dos películas de 1950 las que sientan las bases de este cine de serie B: *Apartado de Correos 1001,* de Julio Salvador, y *Brigada criminal,* de Ignacio F. Iquino. En la primera, dos agentes de la policía se enzarzan en la investigación de unos traficantes de drogas con la única pista de un número de un apartado de correos. En *Brigada criminal,* el joven policía Fernando asiste a un atraco a un banco y se lanza en persecución de la banda de malhechores. A través de sus dos productoras, Emisora Films e IFI, Iquino controla los entresijos de este cine negro. Algunos directores no habituales cultivadores de estos filmes ruedan algunas obras interesantes como *Los peces rojos* (1955), de José Antonio Nieves Conde, y otros insisten en lo mismo con argumentos recurrentes. Es el caso de Juan Bosch que inicia una trilogía policiaca con *Sendas marcadas* (1957), y la prosigue con *A sangre fría* (1959) y *Regresa un desconocido* (1961), y firma también el guión de *El cerco* (1955), de Miguel Iglesias. Tras un eclipse bastante significativo a principio de los años sesenta, el género se agota para no renacer hasta pasados veinte años.

1.4. Las conversaciones de Salamanca

El cine español se ha interrogado muy poco sobre sí mismo y raros han sido los casos en que la profesión se ha interesado por el funcionamiento de las estructuras de esta industria. Una de las manifestaciones más importantes a este respecto es el Congreso Hispanoamericano de Cinematografía que tuvo lugar en Sevilla, en 1929, en el marco de la Exposición Ibero-americana.

El régimen franquista no se prestaba a este tipo de manifestaciones pero, del 14 al 29 de mayo de 1955, el Cine Club de Salamanca organiza unas *Conversaciones* que marcar así un hito. Basilio Martín Patino y Juan Antonio Bardem firman el siguiente texto: «El cine español vive aislado; aislado no sólo del mundo sino de nuestra propia realidad. Cuando el cine de todos los países concentra su interés en los problemas que la realidad plantea cada día, sirviendo así a una esencial misión de testimonio, el cine español continúa cultivando tópicos conocidos (...). El problema del cine español es que (...) no es ese testigo que nuestro tiempo exige a toda creación humana». Lo más granado de la profesión participa en estas jornadas: García Escudero, Muñoz Suay, Sáenz de Heredia, Fernán Gómez, Berlanga, Lázaro Carreter, del Amo y Bardem. Este último resumió el balance final: «El cine español actual es políticamente ineficaz, socialmente falso, intelectualmente ínfimo, estéticamente nulo e industrialmente raquítico». Entre las demás conclusiones cabe retener la exigencia de reglas precisas que fijaran los límites de lo «censurable», la necesidad de una crítica «honrada y libre» y la creación de la Federación de Cineclubs. El balance de estas jornadas, a casi cuarenta años de distancia, aparece con bastante claridad. En un primer tiempo no tuvieron ninguna eficacia ante las autoridades, ya que éstas siguieron obrando como antes. La denuncia de Bardem, por justa que pueda parecer, plantea un grave problema: al denunciar ese punto cero en el que se sitúa el cine español, ¿no acaba ahogando a ese náufrago a quien pretendía salvar? La cuestión sigue abierta pero el tiempo ha considerado la apreciación como muy severa.

1.5. El testimonio social

Bardem, mucho más comprometido que Berlanga, sienta las bases del drama social. Su segunda obra, *Cómicos* (1954), es un memorable análisis y un profundo homenaje a los cómicos ambulantes, pero es también una reflexión social y política. A continuación rueda *Felices Pascuas*, su única incursión, y acertada, en la comedia. Pero es entre 1955 y 1957 cuando produce sus obras mayores. *Muerte de un ciclista* (1955) es una película seria en la que una pareja de amantes, tras haber matado por accidente a un ciclista, se desgarran sin piedad hasta que al final, para rizar el rizo, la mujer, Lucía Bosé, aplasta con su coche a su amante. Con una escritura simple pero sincera, Bardem ofrece un testimonio terrible sobre las diferentes clases de la sociedad y el muro que las separa. *Calle Mayor* (1956), una nueva adaptación de *La señorita de Trévelez*, de Arniches, es su mejor obra: la mirada se centra sobre una soltera ya mayor de provincia, engañada por un joven ocioso que le hará creer que la ama antes de abandonarla. El tema de la burlada señorita de edad no es nuevo, pero la cuidadosa puesta en escena y la exactitud del tono dan toda su fuerza a este emocionante relato que denuncia la reaccionaria y retrógrada sociedad de las ciudades pequeñas. *La venganza* (1957), menos lograda, y desfigurada por la censura —un primer título, *Los segadores*, fue prohibido porque evocaba el himno catalán—, cuenta la historia de Juan, un joven que sale de la prisión tras haber pagado una pena por un crimen que no cometió; Juan y su hermano juran vengarse. Hay quien ha querido ver aquí un mensaje sobre una necesaria reconciliación nacional. Bardem es el primero en ocuparse de la obra de Valle-Inclán con *Sonatas* (1959), donde evita la simple transposición para proponernos una lectura crítica del personaje de Bradomín. Hay también una correcta exactitud de tono en la descripción del mundo de la tauromaquia en *A las cinco de la tarde* (1960). Vapuleado por la crítica y abandonado por el público, Bardem, agotado por la censura, dejará a un lado sus pretensiones sociales.

El caso de Bardem es casi único. Y sin embargo, aquí y allá surgen de vez en cuando películas igualmente comprometidas aunque con menos fuerza. Domingo Viladomat propone en *Llegaron siete chicas* (1954) una mirada sobre los habitantes de un pueblo víctima de una epidemia de malaria de la que son responsables las malversaciones del alcalde. Julio Salvador rueda en el Barrio Chino de Barcelona *Sin la sonrisa de Dios* (1955), que se interroga sobre una infancia maltratada y sobre los responsables de esta situación. Ladislao Vajda pinta un negro retrato de los barrios bajos de Madrid en *Mi tío Jacinto* (1956), con el niño estrella Pablito Calvo. Como otras curiosidades de la época, *Un vaso de whisky* (1958), de Julio Coll, propone por primera vez la imagen de un *gigoló* español, y *El inquilino* (1958), de José Antonio Nieves Conde, vuelve a la carga sobre el insoluble problema de la vivienda.

Por la senda de un nuevo neorrealismo se encarrilan dos cineastas. Con su primer largometraje, *Los golfos* (1959), el debutante Carlos Saura, con el estilo del cine reportaje, pinta un cuadro desesperado sobre la juventud. Con un argumento parecido, Marco Ferreri rueda en 1960 *Los chicos*, sobre la existencia de cuatro jóvenes con aspiraciones frustradas frente a una sociedad de adultos incapaces de entenderlos: Carlos, El Chispas, Andrés y Joaquín, cada uno a su manera, observan una España que se transforma.

1.6. «Viridiana» y el humor negro español

Dejando a un lado a Buñuel, cuya obra no llega más que de forma aleatoria, hay que reconocer al gran guionista Rafael Azcona el mérito de haber introducido el humor negro en España. En su primer guión, para *El pisito* (1958), de Marco Ferreri, se advierte ya el tono: para poder casarse y tener su propia vivienda, un joven debe casarse con una vieja de la que heredará su pequeña casa cuando ésta muera. Pero la octogenaria no muere... Ferreri y Azcona hacen un retrato implacable de la España franquista a partir del problema de la vivienda que también se aborda en otras películas (*El inquilino, La vida por delante, El verdugo...*). Su segunda colaboración supera los límites de este humor negro: *El cochecito* (1959) cuenta la vida de un viejo, interpretado por el genial Pepe Isbert, que no sueña más que con la idea de tener un cochecito de ruedas motorizado como los de sus amigos; acabará eliminando pura y simplemente a toda su familia para pagarse el cochecito tan deseado. Otro cineasta con el que trabaja Azcona es Berlanga, cuya obra evoluciona muy especialmente: humor negro y hasta mal gusto serán de ahora en adelante moneda corriente en su cine. Su primera colaboración, *Plácido* (1961), es una violenta sátira de algunas prácticas de caridad que consisten en invitar a un pobre a la cena de Navidad. Pero uno de estos pobres muere y es Plácido el encargado de desembarazarse del muerto. Un primer título, *Siente un pobre a su mesa*, fue prohibido por una censura que no veía en ello ninguna chispa de humor.

Foto fija número 6

DIFERENTE

Si hay un terreno sobre el que la censura no admite bromas es el de la moral sexual. Hasta el más mínimo beso sufre los rigores de la despiadada tijera. Machista hasta el extremo es capaz de autorizar, sin darse cuenta, algunos ligeros atisbos de homosexualidad. Muchas películas, inconscientemente, permiten otra lectura. Apenas terminada la guerra, Juan de Orduña rueda *¡A mí la Legión!*, película sobre las amistades viriles en el marco de la Legión. Pero, ¿qué pensar de la escena —explícita referencia a la Pietà— en la que el héroe estrecha entre sus brazos al amigo moribundo que le murmura «Mamá», o de esa otra en la que un soldado se disfraza de mujer para cantar «Amo a los hombres»? A principio de los años cuarenta, la aparición de niños en la pantalla casi siempre se traduce en ligeros toques de pedofilia. El ejemplo más conocido es *Marcelino, pan y vino*, en la que el pequeño Marcelino se ve rodeado de doce padres-frailes que lo convierten en objeto de culto. Parecida ambigüedad se desliza en *El maestro* (1957), de Aldo Fabrizzi y Eduardo Manzanos, en donde el joven alumno Gabriel, para ocupar el lugar del hijo muerto del maestro de escuela, desarrolla una seducción completamente angelical. En la adaptación de *El Lazarillo de Tormes* (1959) que propone César Ardavín, el hidalgo toma al joven Lázaro como criado: una constante promiscuidad (comparten el mismo lecho) hace surgir el equívoco en algunas escenas (el baño del hidalgo). Algunos años más tarde, en *Cotolay* (1965), de José Antonio Nieves Conde, Vicente Parra, haciendo de San Francisco de Asís, al ver a un niño subido a un árbol exclama: «¡Qué delicioso fruto el de esa higuera!». Y, en 1961, Luis María Delgado rueda *Diferente*, una comedia musical que hace la apología de la homosexualidad. Sin evocar nunca el problema de una manera explícita, la película, interpretada por el gran bailarín Alfredo Alaria, sigue su trama a partir de obras de García Lorca, Freud y Oscar Wilde. En un momento del relato Alfredo dice, riendo, a Sandra, quien le ama: «¿Cómo has podido pensar que tú y yo...?». Realmente la censura debió estar ciega para no haber sido capaz de descifrar esta obra única.

La génesis de *Viridiana* (1961) merece un alto en el camino. Buñuel, que no ha rodado nada en España después de la guerra, está instalado en México donde ha logrado consolidar un edificio lleno de piezas maestras como *Los olvidados* (1950), *Él* (1952) y *Nazarín* (1959). Con motivo de la presentación de *The Young One* (1960), se encuentra con Saura y Pere Portabella que le convencen para que ruede en España una película coproducida por el mexicano Gustavo Alatriste y dos sociedades españolas, Uninci y Films 59. Su retorno es anunciado por el régimen como el del hijo pródigo y el entusiasmo es tal que el genial aragonés trabaja con entera libertad. *Viridia-* na, nombre de una santa desconocida, es interpretada magistralmente por Silvia Pinal que, a la manera de *Nazarín*, provoca catástrofes allí donde no quisiera ver más que felicidad y equilibrio. El final de la historia —una banal situación de concubinato entre Viridiana y su primo— desagrada a la censura, que pide a Buñuel que lo modifique. Así se hace, y en un alarde de genialidad, se cierra la película con la imagen de un *ménage à trois* y una música de rock endiablado. Representa a España en el Festival de Cannes y allí recibe la Palma de Oro, pero también llega el escándalo: *L'Osservatore Romano* denuncia su carácter blasfemo. La película es prohibida de inmediato en España y presenta su dimisión el director general de Cinematografía. El poder va a emplear todos los medios a su alcance para destruir la cinta, y si se salva es gracias a su estatuto de coproducción.

2. BAJO LOS TÓPICOS

2.1. La beatería

Suponiendo que las películas clericales hayan podido tratar alguna vez algún problema de índole medianamente seria, las de los años 50 se hunden en la beatería y la cursilada. *Día tras día* (1951), de Antonio del Amo, propone el primer modelo de la época citada y, aunque la obra tiene un fuerte carácter neorrealista, la presencia del cura salvador anuncia los cientos de películas semejantes que van a inundar las pantallas. *La Señora de Fátima* (1951), de Rafael Gil, uno de los cineastas preferidos del régimen, concilia el cine *de estampita* con el de niños de por medio. Algún roce con los asuntos espirituales tiene *El Judas* (1953), de Iquino: se inspira en una fiesta tradicional que se celebra en el pueblo de Esparraguera, *La pasió*. La versión catalana de la película, primer caso bajo el franquismo, fue prohibida el día mismo del estreno. Este tipo de cine pavimentado de buenas intenciones topa inexorablemente con un cura salvador o con una religiosa devota que acaban arreglándolo todo. El género tendrá la piel dura y algunos ejemplares sobrevivirán hasta más allá de los años cincuenta.

2.2. Los niños

La combinación de géneros no tarda en producirse y, como cabía esperar, pronto acaban uniéndose los curas y los niños. Este género mixto conocerá un éxito increíble con obras como *Cerca de la ciudad*, que se asoma a los niños de los suburbios pero cuya carga social queda parcialmente amortiguada con la presencia del padre José que viene a «salvarlos». El primer niño estrella, Carlos Larrañaga, aparece en *Serenata española* (1947), de Juan de Orduña, y encontrará su mejor papel en *Pequeñeces*. Con la comedia realista es Pepito Moratalla quien se convierte en estrella en *Sucedió en mi aldea* (1954), de Antonio Santillán, o *Sin la sonrisa de Dios* (1955). Pero aún hay más: Miguelito Gil en *Recluta con niño* (1955), de Pedro L. Ramírez, o Jaime Blanch en el excelente *Jeromín* (1953), de Luis Lucia, sobre la infancia del hermano bastardo de Felipe II, don Juan de Austria. Pero el que se impone por encima de todos es Pablito Calvo, cuya aparición en *Marcelino, pan y vino* (1954), de Ladislao Vajda, surte el efecto de una bomba y conoce un éxito mundial. Con gran maestría técnica y artística, la película nos sumerge en un universo conventual donde doce frailes recogen a un recién nacido; tras numerosas peripecias y diabluras Marcelino, en un final estremecedor, va a pedir a Cristo, su amigo, que le lleve junto a su madre. Pablito Calvo proseguirá su carrera una decena de años más llevando siempre tras de sí el estigma de haber sido un niño desgraciado socorrido por frailes adorables.

2.3. Un folclore de pacotilla

También el cine folclórico conoce horas de entusiasmo.

Duende y misterio del flamenco (1952), de Neville, responde al propósito de su director de partir de la austeridad y de la autenticidad. Pero eso no es más que la excepción, ya que las demás películas folclóricas sólo sirven de vehículo para múltiples cantantes: Juanita Reina en *Gloria Mairena* (1952), Carmen Sevilla en *La Hermana San Sulpicio* (1952), dos películas de Luis Lucia, Paquita Rico en *La moza del cántaro* (1953), de Florián Rey, y Lola Flores en *La estrella de Sierra Morena* (1952). Estas tres últimas aparecen juntas en *El balcón de la luna* (1962), de Luis Saslavsky, para inmenso placer de sus admiradores. Del lado masculino la principal estrella es Antonio Molina, que consigue éxitos como *Esa voz es una mina* (1955), de Lucia. Un lugar aparte merece Luis Mariano que conocerá el triunfo en Francia con *Violettes impériales* (1951), de Richard Pottier, y *La Belle de Cadix* (1953), de Raymond Bernard.

El nuevo y último avatar coincide con la llegada de Joselito, el niño de la voz de oro. Este cantante superdotado conoce un éxito espectacular, primero en España con *El pequeño ruiseñor* (1956), de Antonio del Amo, e internacional después con *La saeta del ruiseñor* (1957), del mismo del Amo. Su voz encandila a una generación de espectadores y su éxito es tal que se convierte en una estrella de primera magnitud. Pero, aunque se impone cantante, Joselito no conseguirá iguales triunfos como actor y abandonará el cine en 1968 tras haber maravillado a las masas durante más de diez años. Este triunfo trae consigo un género híbrido de cine musical con niño. La principal estrella femenina es, incuestionablemente, Marisol que, a su vez, cosechará éxitos como *Un rayo de luz* (1960), en la que Lucia trae a escena a una niña huérfana que conseguirá hacerse querer por su abuelo que al principio la había rechazado. De memoria podríamos citar otros nombres como Morucha, Juan José, Pachín, Rocío Dúrcal e incluso, aunque un poco más tarde, Ana Belén que debuta en *Zampo y yo* (1965), de Luis Lucia.

El retorno del cuplé es otro fenómeno semejante de amplio alcance. Sarita Montiel, tras haber debutado en 1944 en *Te quiero para mí*, de Ladislao Vajda, se instala en México en 1951 antes de casarse con Anthony Mann, que le hace rodar *Serenade* (1956). En 1957 vuelve a España y actúa como protagonista de *El ultimo cuplé*, de Juan de Orduña: María Luján, cupletista, revisa la película de su vida en un largo *flash-back* por el que pasan sus amores desgraciados y su progresiva decadencia hasta el día en que su empresario, Juan, la vuelve a encontrar y organiza para ella un gran homenaje durante el que ella cantará su último cuplé. El extraordinario éxito de la película la consagra como estrella y da origen a un género menor, el melodrama con cuplé. Sin renunciar a ese cuplé hace algunas incursiones en la música andaluza o en el tango, como en *La violetera* (1958), de Luis César Amadori, que revive la célebre canción creada por Raquel Meller. Actúa con cineastas como Mario Camus en *Esa mujer* (1969), o con Bardem en *Variétés* (1971). Entre los epígonos cabe recordar a Lilián de Celis, Marujita Díaz y Mikaela.

2.4. Menos adaptaciones

Las adaptaciones no son muy frecuentes durante los años cincuenta. Si se exceptúan algunas colaboraciones, como la de Gonzalo Torrente Ballester, autor del guión de *Surcos*, es el teatro quien inspira a los cineastas: Miguel Mihura (13 adaptaciones entre 1949 y 1960), los eternos hermanos Álvarez Quintero (8 adaptaciones) y Arniches (6 adaptaciones). Serrano de Osma rueda un sorprendente *Parsifal* (1951) que marcará casi el fin de su carrera, y Mur Oti, después de *Condenados* (1953), de acentos lorquianos, rueda *Fedra* (1956), su obra más interesante, transposición moderna del mito clásico. El «renovador» Ruiz-Castillo halla su inspiración en el poema de Antonio Machado *La tierra de Alvargonzález* para rodar *La laguna negra* (1952), que encuentra en la atmósfera y la fotografía los ritmos del poeta. Juan de Orduña adapta *Zalacaín el aventurero* (1954), en la que hace una fugaz aparición Pío Baroja. En 1959, César Ardavín se atreve con la adaptación del *Lazarillo de Tormes*, del que modifica sensiblemente el contenido dejando los aspectos más críticos para deslizarse hacia el onirismo.

2.5. El cine anticomunista

La fiebre del maccarthysmo que se desencadena en Estados Unidos entre 1950 y 1954 influye en el cine español que, durante cinco años, se ocupa en lanzar ataques directos contra los soviéticos. No olvidemos que España, que se autoproclama bastión de la cristiandad y del anticomunismo, va camino de entrar en el ruedo de las naciones. Las realizaciones se caracterizan, pues, por su fuerte dosis de anticomunismo. *Murió hace quince años* (1954), de Gil, por ejemplo, cuenta la triste historia de uno de aquellos niños

que tuvieron que huir de España durante la guerra civil y que fueron recogidos por potencias extranjeras, en este caso la URSS. A Diego, ya adulto, le encargan las autoridades soviéticas que asesine a su propio padre, pero el sentimiento filial y racial triunfarán sobre el adoctrinamiento. *Embajadores en el infierno* (1956), de Forqué, evoca de manera muy convincente el destino de la *División azul* enviada por España al frente ruso. El tono se desliza a veces hacia la comedia, como en el caso de *Suspenso en comunismo* (1955), de Manzanos. Todas estas películas dejan ver, ya desde el título, esa dicotomía maniquea en la que infierno y muerte se identifican con el régimen comunista y donde España aparece como el paraíso salvador. La fiebre anticomunista durará pocos años y desaparecerá con el progresivo olvido del maccarthysmo.

2.6. Dos cineastas singulares: Vajda y Forqué

Ladislao Vajda, cineasta de origen húngaro, construye una carrera muy singular, aunque asociada en demasía a un sólo éxito, como fue el de *Marcelino, pan y vino*. Sus primeras obras tienen un interés menor, y es a lo largo de los años 50 cuando el director va a revelarse como una personalidad de primer plano. Con *Ronda española* (1951) analiza el folclore bajo la forma de un documental jugando alternativamente con la estilización y el realismo. A partir de entonces su cine busca, con gran regularidad, una autenticidad hispánica. Con *Doña Francisquita* (1952), vuelve a una zarzuela ya adaptada en tiempos de la República [1]: inspirado en Goya y

---

[1] *Doña Francisquita* (1934), de Hans Behrendt.

en Solana rueda una memorable secuencia de carnaval donde las máscaras evocan con evidencia las pinturas de los dos maestros. Era inevitable que Vajda abordara un tema propiamente hispánico como el del bandolerismo en *Carne de horca* (1953), pero, en contra de lo que hicieron sus predecesores, Vajda libera al personaje del bandolero de su imagen mítica para darle su propia personalidad. Su siguiente película, *Aventuras del Barbero de Sevilla* (1954), es una española, pero la presencia de Luis Mariano y de Lolita Sevilla hacen de la obra un logro del género. *Tarde de toros* (1955) prolonga y precisa las relaciones que el cineasta mantiene con España: con tono de documental, estilo por el que siente especial predilección, Vajda realiza una obra mayor sobre la tauromaquia. Con *Mi tío Jacinto* (1956) rueda una obra mágica en la que consigue mezclar, con gran habilidad, el universo a veces patético de la tauromaquia y el mundo de la infancia y de sus mitos; pintura destacada del pueblo llano madrileño, la película es probablemente la mejor que rodó Vajda con Pablito Calvo. Su tercera colaboración con el niño estrella, *Un ángel pasó por Brooklyn* (1957) es algo decepcionante. Sin embargo, *El cebo* (1958), es una obra extraña y fascinante en una atmósfera que recuerda la de *M. le maudit;* esta escabrosa película policiaca, cuyos principales intérpretes son Michel Simon y Gert Fröbe, cuenta las andanzas de un criminal que se gana las simpatías de sus futuras víctimas haciéndose pasar por un mago, proponiéndoles juegos divertidos y ofreciéndoles, por último, onzas de chocolate. En los años 60 el cine de Ladislao Vajda va perdiendo fuerza e interés pero su profunda huella marcó, sin duda, la década anterior.

La obra de José María Forqué es desconcertante por varias razones. Mientras que los grandes realizadores profundizan en un estilo o en unos temas, él se adapta deslizándose por múltiples historias sin dar nunca la impresión de crear ni un estilo específico ni un universo particular. Es cierto que sus películas (más de cincuenta) no siempre tienen igual interés pero este artesano marca sus obras con una profesionalidad rigurosa. Prefiere la comedia y el sainete pero también rueda la interesante *Amanecer en puerta oscura* (1957), cuya acción se sitúa a finales del siglo XIX, y se acerca al cine sobre el bandolerismo donde los bandidos de honor luchan contra las injusticias. Este moralista denuncia los juegos sociales en *La noche y el alba* (1958). El fracaso de esta última película le hace volverse de nuevo hacia el cine policiaco y realiza *De espaldas a la puerta* (1959). Sin embargo, es en sus deliciosas comedias donde consigue una obra más personal. Adapta con buen gusto la de Mihura *Maribel y la extraña familia* (1960), maneja el humor negro en *Usted puede ser un asesino* (1961), y ensaya la parodia con *Atraco a las tres* (1963), probablemente una de sus mejores obras, en la que los empleados de un banco deciden cometer un atraco en su lugar de trabajo pero, llegado el día, son otros delincuentes los que aparecen y son apresados por esos mismos empleados. Su obra posterior irá perdiendo interés.

6. TÍMIDA LIBERALIZACIÓN (1962-1975)

1. LOS AÑOS DE GARCÍA ESCUDERO (1962-1969)

El retorno de José María García Escudero al frente de la cinematografía abre un período contradictorio. Nuevos cineastas toman el relevo mientras los antiguos encuentran numerosas dificultades debido a que la economía del cine es más bien vacilante. El aumento de las coproducciones y el desarrollo del cine de «subgénero» suponen un cierto incremento de la producción. Pero este aumento encubre una fragilidad estructural como lo muestran la producción anual y un número de productoras que se traduce en una completa atomización: 1962 (188 películas, 63 productoras) — 1963 (114,67) — 1964 (130,72) — 1965 (151,82) — 1966 (164,92) — 1967 (125,71) — 1968 (106,62) — 1969 (125,79). No obstante, el balance de García Escudero no debería considerarse negativo ya que una de sus primeras medidas (marzo 1963), hace tiempo esperada, es la publicación de un *Código de Censura* que los profesionales reclaman con el fin de evitar la arbitrariedad de las decisiones de la Comisión de Censura y que seguirá en vigor hasta el 19 de febrero de 1975, apenas unos meses antes de la desaparición del dictador.

1.1. El Nuevo cine español

El Nuevo cine español (NCE) agrupa cineastas que empiezan su carrera a principios de los años sesenta bajo el impulso del poder. La tímida liberalización y la voluntad de crear una *nouvelle vague* a la española tiene sus límites, pero se autoriza la realización de obras importantes cuya escritura y estética raramente obtienen éxito. Sale a la luz una nueva generación, proveniente de la Escuela Oficial de Cine creada en 1962, versión moderna del IIEC. La preocupación de los creadores, muchas veces expresada, es la de hacer una crítica social limitada. Así, por ejemplo, Mario Camus comienza con dos obras destacadas que figuran entre sus mejores logros: *Los farsantes* (1963), una mirada tierna y desesperada a los cómicos ambulantes, y *Young Sánchez* (1964) sobre un cuento de Ignacio Aldecoa, descripción del mundo del boxeo a través del retrato de un joven ambicioso. Del resto de su obra, más discreto, retenemos *Con el viento solano* (1965), que evoca un trágico mundo gitano del que Antonio Gades hace una acertada composición. Su producción posterior, más comercial, le llevará a trabajar con Sarita Montiel y con Raphael.

Manuel Summers se distingue por su capacidad para abordar de forma atractiva el mundo de la infancia; en su primer largometraje, *Del rosa al amarillo* (1963), se evocan el verde paraíso de los amores infantiles y el más maduro de los amores crepusculares. Confirma sus cualidades en *La niña de luto* (1964), una inmersión en el humor con las desgracias de una pareja cuya vida se ve constantemente perturbada por los duelos que de una manera regular afectan a la joven. *Juguetes rotos* (1966), tal vez su obra maestra, pinta un retablo cruel bajo la forma de un reportaje de humor negro sobre antiguas glorias deportivas en declive. El fracaso comercial le llevó a reorientar su carrera hacia temas menos fuertes que tendrán la suerte de obtener los favores del público.

Basilio Martín Patino realiza la obra más emblemática del NCE y una de las pocas que conoce un relativo éxito: *Nueve cartas a Berta* (1965). Mediante cartas leídas con voz en *off*, Lorenzo, el protagonista, cuenta sus impresiones sobre el mundo estudiantil, la familia, la vida en una ciudad de provincia en la que se reflejan las inquietudes de la juventud. Menos convincente, su segundo trabajo, *Del amor y otras soledades* (1969), es la pintura de una burguesía ociosa.

Miguel Picazo moderniza la novela de Unamuno *La tía Tula* (1964). Esta descripción de la vida de provincias y de la represión sexual que allí se soporta seduce al público. No sucede lo mismo con *Oscuros sueños de agosto* (1969) pese al inteligente trato que reciben los amores turbulentos. Francisco Regueiro realiza con *Amador* (1965) una obra maestra del humor negro acerca de las imposibles relaciones entre hombre y mujer. *Si volvemos a vernos* (1967), plantea el problema del racismo a través de los amores de una prostituta y de un negro americano. La carrera de Javier Aguirre no está exenta de interés: tras haber sido uno de los cineastas más en alza con su documental *España insólita* (1964), se lanza al cine comercial aportando análisis personales que reúne bajo el título *Anticine*. Julio Diamante debuta con dos obras interesantes: *Los que no fuimos a la guerra* (1962) y *Tiempo de amor* (1964). La primera conoce serios problemas con la censura y no se proyecta hasta 1965, y la segunda, una serie de sketches, se sitúa en la línea del realismo social. Estos prometedores inicios se quedan sin continuación y, tras algunas obras decepcionantes, interrumpe su carrera en 1975. A Antonio Eceiza no le van mejor las cosas, y si se exceptúa *De cuerpo presente* (1965), en donde consigue encontrar un estilo personal convincente al que no es ajeno el cine de Godard, abandona España en 1973 tras haber trabajado en publicidad, tardando bastantes años en retornar al País Vasco para rodar allí diversos cortos documentales. Angelino Fons es conocido sobre todo por su interesante adaptación de la novela de Baroja *La busca* (1966), en la que un joven de provincias, interpretado por Jacques Perrin, se ve de pronto viviendo en los bajos fondos madrileños; el picaresco relato está lleno de ternura y de sinceridad. Fons es de los pocos que consigue trabajar regularmente en el mundo del cine al precio, claro está, de hacer numerosas concesiones comerciales. Jorge Grau, tras unos inicios prometedores en el *cinéma-verité* con *Noche de verano* (1962), rueda *El espontáneo* (1964), donde juega muy sutilmente con el blanco y negro y el color para hacernos penetrar en el universo de la tauromaquia a través de los ojos de un joven intrépido que sueña con convertirse en torero y cuyas ilusiones acabarán rompiéndose. Por último, Jaime Camino que, aunque catalán, —véase el epígrafe siguiente— forma parte del NCE en la medida en que en sus primeras películas subyace una problemática social. En *Los felices sesenta* (1963) se interroga sobre un grupo social barcelonés utilizando las canciones del comprometido cantante Raimon, *Mañana será otro día* (1967) la toma con determinados sectores del cine y de la publicidad, y *España otra vez* (1968) evoca el retorno a Barcelona de un antiguo combatiente de las Brigadas Internacionales.

1.2. El cine metafórico de Carlos Saura

Saura constituye un caso aparte en el NCE, al que en realidad no pertenece pues ha comenzado ya su carrera. Rueda cinco películas entre 1962 y 1969 donde pone a punto su cine metafórico, alusivo hasta el extremo que se agotará en sus obras posteriores. *Llanto por un bandido* (1963) no es un acierto total debido en parte a la censura y al sistema de coproducción, pero se trata pese a todo de una excelente película de bandoleros en la que Buñuel hace una corta aparición en el papel de verdugo. *La caza* (1965), considerada con toda justicia como una de sus mejores obras, reúne a cuatro amigos que se van de caza y que, como consecuencia de conflictos psicológicos cada vez más intensos, acaban matándose entre sí. Saura, que evoca de manera alusiva y metafórica la Guerra Civil, está admirablemente servido por la fotografía de Luis Cuadrado. Marca esta película también el inicio de su colaboración con el productor Elías Querejeta. En *Peppermint frappé* (1967), *Stress es tres, tres* (1968) y *La madriguera* (1969) se sirve de la imagen de la pareja como

reflejo de una sociedad estancada cuyas convenciones trata de hacer explotar. Su escritura moderna se inscribe entre lo mejor que puede proponer el cine europeo.

1.3. La escuela de Barcelona

Como reacción al NCE un grupo de cineastas catalanes busca nuevos caminos para sus creaciones. Es difícil hablar en este caso de escuela, pero la búsqueda de nuevos logros formales y narrativos es lo que agrupa a estos cineastas. Una frase de Joaquín Jordá resume esta actitud de oposición al cine oficial: «Ya que no nos dejan ser Victor Hugo, seamos Mallarmé». La oposición entre los mesetarios y los de Barcelona desemboca en una crisis que Muñoz Suay, a quien se debe la fórmula *Nueva Escuela de Barcelona*, tratará de resolver buscando un compromiso gracias a la película de Luis Marquina *Tuset Street* (1968), fracaso absoluto que sirve de llamada de atención tanto al NCE como a la escuela de Barcelona. Hay acuerdo casi unánime en reconocer que *Fata Morgana* (1966) constituye su acta de bautismo. En esta insólita obra Vicente Aranda consigue fascinar al espectador mediante una puesta en escena audaz en la que se advierte su admiración por el cine de Jean-Luc Godard: el *comic*, la ciencia ficción o el pop-art, todo revuelto en ese humor frío y distante que será una de sus características. Rompiendo con el modelo madrileño propone estructuras narrativas nuevas, insólitas y abiertas. En sus tres películas siguientes, *Las crueles* (1969), *La novia ensangrentada* (1972) y *Clara es el precio* (1974), afina su estilo y precisa su universo en el que el lesbianismo, las relaciones sadomasoquistas o la tensión sexual alcanzan con frecuencia el paroxismo. La censura frenará constantemente su carrera y habrá que esperar el fin de la dictadura para que pueda expresar sus fantasmas con entera libertad.

Hay otros miembros de la escuela de Barcelona dignos de mención. Jacinto Esteva Grewe realiza una de las películas más significativas de este grupo: *Dante no es únicamente severo* (1967). El rechazo a contar una historia, la acumulación de juegos de luz y de color, la repetición de determinadas secuencias revelan una percepción muy interiorizada de la vida. Jacinto Esteva tiene un papel fundamental en el funcionamiento de la escuela, ya que a través de su productora, Filmscontacto, produce *Noche de vino tinto* (1966), película densa y desesperada del portugués José María Nunes. Este cineasta es sumamente personal, instalado en España desde 1942, construye una obra difícil de desentrañar.

Gonzalo Suárez comienza su carrera con obras estetizantes como *Ditirambo* (1967), que se interrogan de manera personal sobre mitos universales como ocurre en *El extraño caso del Doctor Fausto* (1969). Su escritura le une a la escuela de Barcelona pero él siempre ha negado esta pertenencia. Lo mismo sucede con Pere Portabella, que desempeña un papel esencial en la producción de varias obras maestras: *Los golfos*, *El cochecito* o *Viridiana*. En su primer largometraje, *Nocturno 29* (1968), de difícil acceso, se niega a seguir una escritura cinematográfica ortodoxa. Aprovechando el rodaje de *El Conde Drácula* (1970), de Jesús Franco, y la presencia de Christopher Lee en Barcelona, rueda en 16 mm un ensayo humorístico en forma de película de terror. Igualmen-

te experimental es *Cuadecuc* (1970), rodada en 16 mm, un ejercicio fascinante. A título anecdótico cabe señalar que Ricardo Bofill puso en escena un mediometraje, *Circles* (1970), y un largometraje, *Esquizo* (1970), que no están precisamente a la altura de su reputación como arquitecto.

1.4. Bardem, Berlanga, Fernán Gómez

La renovación artística que representan los años del NCE no consigue eclipsar a unos grandes creadores que ya se han labrado una carrera. Bardem es quien con más dificultades atraviesa este período. Aburrido por las trabas de la censura realiza una coproducción con Argentina, *Los inocentes* (1962), en donde consigue de manera admirable recorrer las melancólicas brumas del recuerdo. Con *Nunca pasa nada* (1963) recupera de alguna manera sus personajes de *Calle Mayor* para constatar, amargamente, que España no ha cambiado. Esta importante película no fue comprendida por la crítica que hasta llegó a hablar de *Calle menor*. Este fracaso no es ajeno a la evolución de su carrera hacia un cine netamente comercial y poco significativo, dicho lo cual cabe añadir que *Los pianos mecánicos* (1965), adaptación de un célebre *best seller*, con Melina Mercouri y Hardy Krüger en el reparto, es todo un logro.

Por suerte para todos, prosigue la colaboración entre Berlanga y Azcona con algunas obras maestras. *El verdugo* (1963) es una de las mejores obras hechas en España: un empleado de pompas fúnebres conoce a Carmen, la hija del verdugo, interpretado por el maravilloso Pepe Isbert, quien les sorprende en su intimidad y quiere casarlos pero, para poder conservar la vivienda, el empleado debe solicitar la plaza de verdugo que ostenta su suegro. Llega el día de una ejecución capital y el verdugo tiene que actuar. Una de las más terribles escenas muestra al yerno, interpretado por Nino Manfredi, literalmente arrastrado hacia el lugar de la ejecución como si él fuera la víctima. Presentada en el Festival de Venecia, la película conocerá numerosos problemas debidos a la intervención del embajador de España, Alfredo Sánchez Bella, futuro Ministro de Información y Turismo. *La Boutique* (1967) cuenta la historia de una mujer que hace creer a su marido que está gravemente enferma, de manera que él cede a sus caprichos y le compra una tienda. *¡Vivan los novios!* (1969) habla de las desventuras de Leonardo, cuya futura suegra muere justo antes de la boda. La muerte y el cuerpo de la suegra se ocultan para que pueda tener lugar la ceremonia. El chirriante humor de Azcona y la gran habilidad de Berlanga consiguen otra maravilla con esta producción que no obtuvo el éxito que se merecía. Luego se interrumpirá su carrera durante cinco años.

Fernando Fernán Gómez realiza dos obras mayores. *El mundo sigue* (1963), según relato de Juan Antonio de Zunzunegui, es un documento desgarrador sobre la situación de la mujer española cuya única salida es la muerte. *El extraño viaje* (1964) es una pieza única: sobre una idea de Berlanga, la película desarrolla un humor heredado del *esperpento* [1] donde el cineasta contempla la situación de la España rural de los años sesenta [2]. La continuación de la filmografía de Fernán Gómez, más de-

sigual, retorna a uno de los terrenos de su preferencia, la comedia bajo sus diferentes facetas. Estas obras de inspiración teatral no sólo no son despreciables sino que tienen un gran valor tanto por sus diálogos populares como por la imagen que proponen de la España de la época.

1.5. El tímido retorno de la historia

Los años sesenta permiten enlazar con una historia bastante escamoteada y, por supuesto, *La caza* es la película más interesante de cuantas revisan el pasado. Frédéric Rossif filma en 1963 *Mourir à Madrid,* el documental francés más importante rodado sobre el conflicto. Con la ayuda de documentos de archivos consigue dar a su obra un aire épico inigualable al tiempo que afirma la voluntad de libertad para el pueblo. Como respuesta a la obra de Rossif, España produce en 1965 *Morir en España,* de Mariano Ozores. Por su parte, Sáenz de Heredia, en 1964, realiza una hagiografía del dictador: *Franco ese hombre.* De nuevo la Guerra Civil es la que está en el centro de las reflexiones de Yves Montand, militante comunista, en la película de Alain Resnais, con guión de Jorge Semprún, *La guerre est finie* (1965). El mismo Resnais había realizado en 1950 la pequeña obra maestra *Guernica.* En España, *Las últimas horas* (1965), de Santos Alcocer, es, por el contrario, una visión muy negativa de la República y de su advenimiento. La verdad es que nada ha cambiado: la visión maniquea sigue prevaleciendo.

---

[1] El término *esperpento* fue usado por Valle-Inclán para designar una manera «deformante» de mirar las cosas con el fin de llegar a lo auténtico.
[2] Carlos Saura, al rodar *Mamá cumple cien años* (1979), recordará esta situación a través del personaje de la abuela interpretada por Rafaela Aparicio.

1.6. Los subgéneros del cine español

España, que no tiene tradición de cine fantástico, encuentra en Jesús Franco la persona que le otorga credenciales de garantía con *Gritos en la noche* (1961), *La mano de un hombre muerto* (1962) y *El secreto del Dr. Orloff* (1964), trilogía en la que construye una temática y una estética que mezclan con desenfado sadismo y expresionismo. Algunos realizadores se especializan en el género, como es el caso de Eugenio Martín, del que cabe recordar *Hipnosis* (1962) sobre las inquietantes relaciones entre un ventrílocuo y su marioneta. Enrique Eguiluz, volviendo a los temas clásicos, realiza *La marca del hombre lobo* (1967), homenaje al cine de la Universal rodada en 3-D. Le llega el éxito a *La residencia*, de Narciso Ibáñez Serrador, donde la inquietante Lili Palmer dirige una residencia de señoritas expuestas a diferentes perversiones en un ambiente gótico que hace de la película uno de los logros del género.

El relevo europeo del *western* americano en declive se hace en España y en Italia a través del *chorizo-western*, que supera en violencia y en sadismo a su primo transalpino, el *spaghetti-western*. España se convierte en un lugar privilegiado y aquí se ruedan películas extranjeras a precios que desafían cualquier competencia. El verdadero pionero del género es Joaquín Luis Romero Marchent que, ya en 1954, había rodado simultáneamente *El Coyote* y *La justicia del Coyote*, donde se veía en acción al célebre personaje creado por José Mallorquí. Recoge otro célebre mito en *La venganza del Zorro* (1962) y lo mejor de su cine puede verse en *Tres hombres buenos* (1963), *El sabor de la venganza* (1963) y *Antes llega la muerte* (1964), cuyo estilo no está exento de una cierta dimensión moral, es decir, humanista. La última obra, de una factura muy clásica, constituye un éxito del género: un propietario de tierras se ve obligado a rodearse de individuos poco recomendables para transportar hasta la ciudad a su mujer gravemente enferma. Eugenio Martín hace al *western* un hermoso regalo con *El precio de un hombre* (1966), en la que un cazador de recompensas ha de enfrentarse a su víctima en una lucha sin piedad. Barcelona se convierte en 1965 en un centro privilegiado de producción de *chorizo-western* gracias a un hombre, Alfonso Balcázar, que en el extrarradio de la ciudad realiza durante casi diez años de subproducto.

Foto fija número 7

LAS GENIALES MUTACIONES DE JESÚS FRANCO

«Alguien me dijo un día que yo era España entera: Jesucristo y el Caudillo». Cuando uno lleva un nombre así no es para asombrarse que le entren ganas de cambiarlo: Jess Frank, Robert Zinnermann, David Khume, Clifford Brown, Frarik Hollman, Toni Falt, Franco Manera... y otros que conocerán algún día. Jesús Franco es, él solito, una cinemateca: se rodea con los más grandes y se revuelca con delectación en el cine más cutre y marginal. Franco, antiguo alumno del IIEC y del IDHEC, no pertenece a ninguna escuela, es un ser totalmente independiente, subterráneo, que en cuarenta años de carrera ha realizado —estajanovismo obliga— unas ciento cincuenta películas —tal vez un récord mundial—, y es el autor probable de numerosas películas huérfanas, montajes sobre otras obras. El cine de Franco está siempre en mutación: incontables son las versiones de una misma película. Para comprenderle hay que entender la bulimia cinéfila, el rechazo de lo establecido, el subterfugio y la huida ante los cineastas consagrados. De su movida carrera hay que retener la serie de obras maestras de cine fantástico que realizó. El Dr. Orloff de *Gritos en la noche* y de *El secreto del Dr. Orloff*, así como el aristócrata de *La mano de un hombre muerto* y *Miss Muerte* (1965) han entrado con pleno derecho en el universo del género. Su cine, que cultiva desde sus inicios los juegos sadomasoquistas con una buena dosis de humor, se ve obligado a enfrentarse con la inevitable censura. En 1965 le llama Orson Welles para dirigir la segunda unidad de *Campanadas a medianoche* (Falstaff). Luego prefiere rodar en el extranjero a un ritmo que desafía cualquier competencia: más de media docena de películas por año. Aborda con desparpajo todos los géneros, la comedia en *Bésame, monstruo* (1968), con guiños a *I walk with a Zombie*, el comic en *El castillo de Fu Manchú* (1968) o el cine de vampiros en su obra más conocida, *El Conde Drácula* (1970). No es sorprendente encontrar en su cine un constante homenaje al Marqués de Sade, en particular en *Necronomicon* (1967), *Justine* (1968) o el memorable *El sádico de Notre Dame* (1974). Desde los primeros años de la década de los 70 se empieza a consagrar al cine S (*soft*) (*Les Ébranlées*, en 1972 o *Les Gloutonnes*, en 1973) y crea el cine pornográfico español con *El chupete de Lulú* y *El ojete de Lulú*, de 1985, con Lulú Laverne, estrella del X hispano. En todas las películas de Jesús Franco siempre hay, al menos, un plano destacable e inútil, un diálogo sabroso y ridículo, y tanto peor si el resto no tiene la misma factura, a ya que a Jesús Franco hay que tomarlo por lo que es: un verdadero destructor. A la manera del Pierre Ménard de Borges [1], la obra invisible de Franco probablemente está todavía por descubrir, pues si uno es el autor del *Quijote* de Cervantes, Jesús Franco es el autor del *Quijote* de Welles.

La oleada de películas con niños estrella se agota, ya que la música rock desclasa a estos pipiolos. En su lugar aparecen Raphael, en *Cuando tú no estás* (1966), de Camus, o el Dúo Dinámico en *Escala en Tenerife* (1964), de León Klimowsky. Nada nuevo hay, sin embargo, en este cine hecho a la medida de unos cantantes cuyo talento como actores deja mucho que desear. Dos obras, no obstante, merecen nuestra atención, *Un, dos, tres, al escondite inglés* (1969), de Iván Zulueta, y *Tropical Spanish* (1969), de Ramón Masats, ya que afortunadamente consiguen que entre en España el arte pop que podemos ver en Richard Lester. El cine folclórico está dominado por los cantantes Manolo Escobar (*Pero, ¿en qué país vivimos?*, de 1967) y Peret (*El mesón del gitano*, de 1969). También encontrare-

mos películas con planteamientos más originales, como es el caso de *Los Tarantos* (1963), de Rovira Beleta, audaz transposición del mito de Romeo y Julieta en el universo gitano, y de *El amor brujo* (1967), adaptación muy lograda de la música de De Falla sobre la que volverá Saura.

Los años sesenta ven la aparición de Paco Martínez Soria, un actor cómico que conoce un éxito sin precedentes. Encarna con una regularidad atosigante el «sentido común» del paleto reaccionario. En su mayor éxito, *La ciudad no es para mí* (1966), de Pedro Lazaga, interpreta a un aldeano aragonés perdido en Madrid que sabe salir airoso de las trampas de la gran capital. También hay que señalar el extraordinario destino del autor de teatro Alfonso Paso que será adaptado veintidós veces

---

[1] Jorge Luis Borges, *Pierre Menard, autor del Quijote*, en *Ficciones*, Buenos Aires, 1944.

en el cine durante los años sesenta.

2. AGONÍA Y RENOVACIÓN (1970-1975)

La salida de García Escudero provoca una especie de caos creativo y económico mientras que la forzada evolución del régimen y su próximo fin impiden una reforma real. El fin de la dictadura estará dominado por dos ministros de Información y Turismo, el conservador Alfredo Sánchez Bella (de octubre de 1969 a enero de 1974) y el liberal Pío Cabanillas (desde enero de 1974). Pero, por contradictorio que pueda parecer, estos últimos años del franquismo son de lo más creativo; si no se puede decir todo, al menos se empieza a decir. La incoherencia del régimen se hace manifiesta y dos ejemplos permiten ilustrarlo. Las exigencias comerciales llevan a los productores a proponer dos versiones: una para el mercado interior y otra para el extranjero, donde no se censuran las escenas eróticas. Esta aberrante situación será la causa de un miniescándalo en Santiago de Compostela, donde se proyectará la versión prevista para la exportación de *Las melancólicas* (1971), de Rafael Moreno Alba. En ese mismo contexto es donde hay que entender los «viajes» de los españoles a Perpignan o a Biarritz para ver películas prohibidas como *El último tango en París* (1972). Pese a esta confusión y a estas dificultades la producción sigue siendo elevada: 1970 (105 películas) — 1971 (107) — 1972 (104) — 1973 (112) — 1974 (115) — 1975 (102). En marzo de 1975 unas nuevas normas de censura autorizan, en particular, el desnudo en la pantalla.

2.1. El retorno de Luis Buñuel y la adaptación literaria

Buñuel vuelve a España, donde no había rodado desde el escándalo de *Viridiana,* en 1969. Buñuel, que ya había adaptado a Galdós con su muy personal versión de *Nazarín* (1959), se reencuentra con Toledo en su *Tristana* y deja libre curso a su humor y a su desencanto. Don Lope, servido admirablemente por Fernando Rey, el cómplice y doble de Buñuel, es un liberal que acabará renegando de todas sus convicciones y se casará con su doncella. A través de él hay una reflexión sobre la vejez y el cortejo de compromisos que propone Tristana que es, a su vez, un destacable retrato de mujer sometida y después sublevada tras la intervención quirúrgica en la que le amputan una pierna. Muchas escenas se han convertido en fragmentos de antología: Tristana, al piano, interpreta el estudio «revolucionario» de Chopin; ella desvela su cuerpo mutilado al joven sordomudo sin que el espectador, frustrado, lo pueda ver; la merienda de don Lope y los curas; Tristana inclinada sobre la tumba del cardenal Tavera... El éxito internacional y nacional de *Tristana* vuelve a lanzar la adaptación literaria y serán sobre todo los escritores de finales del siglo XIX los que más obras prestarán a la pantalla. En primer lugar Pérez Galdós, con *Fortunata y Jacinta* (1969), de Angelino Fons, *La duda* (1972), de Gil, a partir del texto de *El abuelo,* y el muy logrado *Tormento* (1974), de Olea. Esta última, de una indiscutible audacia para la época, ve a la joven Amparo huir de su ciudad con Agustín tras haber sido la amante de un cura y haber provocado así el escándalo. Sin embargo, las adaptaciones de Azorín, Pardo Bazán, Unamuno o Valera no provocan el mismo entusiasmo. Gonzalo Suárez trata de adaptar *La Regenta*, la obra maestra de Clarín, pero no realiza más que una mediocre película.

2.1. Dificultades para sobrevivir

Los «antiguos» parecen perder pie y no realizan más que obras de limitado interés. Entre 1969 y 1975, Bardem rueda cinco películas decepcionantes. Aborda todos los géneros, desde el musical con *Varietés* (1979), remedo con Sara Montiel de *Cómicos*, hasta el cine de aventuras con *La isla misteriosa* (1971), pasando por el drama psicológico con *La corrupción de Chris Miller* (1972) o *El poder del deseo* (1975), dos películas en las que aparece una sorprendente Marisol. Berlanga cesa en su actividad y no realiza más que una sola película, *Grandeur nature* (1973), rodada en el extranjero, un sonado fracaso que será prohibido hasta 1977. Se muestra más desesperado que nunca: Michel Piccoli, que vive con una muñeca de «tamaño natural», *grandeur nature*, siente que está reconstruyendo unas relaciones de las que quiere escapar; se suicida dejando a la muñeca que se dispone a seducir a otro hombre. Fernán Gómez es el que mejor parado sale de esta coyuntura: *Crimen imperfecto* (1970) es un amable *pastiche* del cine policiaco con guiños al cómic. En *Yo la vi primero* (1974), colabora con Summers para contarnos el extraño destino de un hombre verdaderamente vuelto a la infancia. Por último *La querida* (1975), de menor interés, conoce un buen éxito comercial.

Los más jóvenes, y especialmente los del NCE o los de la escuela de Barcelona, atraviesan con dificultad este período. Las carreras de un buen número de ellos si no quedan rotas sí al menos suficientemente perturbadas como para que les resulte imposible construir una obra. Mario Camus no realiza más que películas anodinas excepción hecha de *Los pájaros de Baden-Baden* (1975), sobre un relato de Aldecoa, en la que una mujer que trabaja en un libro necesita la colaboración de un fotógrafo que encuentra en la persona de un joven separado de su compañera; surgirá entre ellos poco a poco una relación interrumpida por el retorno de los padres de la protagonista. A Basilio Martín Patino la censura le prohíbe sus dos películas: *Canciones para después de una guerra* (1971, autorizada en 1976) y *Queridísimos verdugos* (1974, autorizada en 1977). La primera es una destacada película en la que el cineasta, a partir de documentales y de canciones de época, logra restituir la atmósfera de la posguerra. La sutileza del montaje permite juegos estilísticos y asociaciones sonido-imagen particularmente sugerentes; así, por ejemplo, las mortíferas bombas son asociadas a los huevos puestos por la gallina de la canción *La gallina papanatas*. *Queridísimos verdugos* es un reportaje muy duro sobre los últimos verdugos españoles vistos como seres cotidianos.

Gonzalo Suárez prosigue una carrera muy literaria de la que se puede retener *Morbo* (1972), donde la vida de una pareja instalada en una caravana se ve perturbada por la obsesión de la joven que se cree constantemente espiada. Sus películas, aunque no llegan a ser totalmente satisfactorias, traducen esa atmósfera extraña en la que las pulsiones íntimas de los seres humanos se transparentan siempre en unos relatos muy irreales. Jaime Camino realiza una obra sintomática del fin del franquismo, *Las largas vacaciones del 36* (1975), que evoca la vida de una familia de la pequeña burguesía catalana que pasará la guerra en un pueblo. Por primera vez una película encara la Guerra Civil desde el punto de vista de los vencidos con una narración que no excluye del todo el maniqueísmo.

Summers, mucho más comercial, conoce un gran éxito con una trilogía sobre la infancia y la adolescencia, género en el que sobresale: *Adiós, cigüeña, adiós* (1971), *El niño es nuestro* (1973) y *¡Ya soy mujer!* (1975). Esta películas son una mezcla muy lograda de audacia aparente y conformismo real donde el cineasta plantea el problema de la sexualidad de los adolescentes. Angelino Fons, que realiza toda una serie de películas menores, es un ejemplo entre otros de la evolución que sufren los cineastas de la generación de García Escudero, y abandona sus pretensiones artísticas para producir un cine muy convencional. Más interesante es Jorge Grau, que se orienta hacia un cine comercial del que cabe retener *La trastienda* (1975), en la que aparece el primer desnudo integral del cine español.

2.3. Carlos Saura: la oposición oficial

El gran nombre del fin del franquismo es Carlos Saura, que consigue realizar una síntesis especialmente feliz entre historia, metáfora y reflexión sobre el tiempo y la identidad. Es cierto que su posición es bastante incómoda, pillado entre su deseo de crítica y de denuncia y un poder que tiene en él la excusa para hacer creer en una apertura del régimen debido sobre todo a su constante y oficial presencia en el Festival de Cannes. En *El jardín de las delicias* (1970), una de sus mejores obras, un millonario de cuarenta y cinco años sufre un accidente que le deja paralítico y amnésico. Sus parientes tratan por todos los medios de que recupere la memoria para encontrar la llave de la caja fuerte. En esta violenta sátira de la familia, el personaje del paralítico ha sido visto como el de Franco en persona. La asombrosa secuencia final acaba con la visión de la familia entera en pequeños cochecitos de enfermos. *Ana y los lobos* (1972) lleva más lejos la metáfora: Ana llega a una familia en donde es cortejada por los tres hijos, un militar, un eremita y un obseso sexual que acabarán asesinándola. La lectura política bastante transparente valió a esta película un importante éxito. *La prima Angélica* (1973), más polémica, se enfrenta a la censura y las fuerzas de extrema derecha. Carlos Saura juega constantemente con la relación de sus criaturas con el tiempo y José Luis López Vázquez interpreta el papel del mismo personaje niño y adulto. La presencia de la Guerra Civil y del desgarramiento provocado en las conciencias es obsesivo en el relato. La aparición de un personaje con el brazo enyesado saludando al modo fascista resume bastante bien la mirada de Saura sobre los traumatismos de un pueblo desgarrado por un conflicto interno. *Cría cuervos* (1975) es su mayor éxito, en cuya consecución no fue ajena la canción *Por qué te vas*, de José Luis Perales y cantada por Jeanette. A través de la mirada de una niña (Ana Torrent), el cineasta desarrolla sus concepciones sobre los tiempos subjetivo y paralelo. La película funciona sobre una muy inteligente alternancia entre los *flash-for-*

ward y los dobles personajes (Ana niña, Ana adulta). A través de unas postales y la voz de Imperio Argentina que canta *¡Ay, Maricruz!*, la abuela paralítica y muda evoca su juventud. La película, presentada en Cannes, obtuvo el premio especial del jurado.

Foto fija número 8

LAS CANCIONES: LUGARES DE LA MEMORIA

Al final del franquismo, los directores de cine han tratado de enlazar con la sombría época de la posguerra. Este retorno se efectúa de una manera muy significativa por medio de la canción tradicional, la *copla*, que fue el consuelo de aquellos lamentables años. Hay que reconocer a Martín Patino el papel de precursor con su película *Canciones para después de una guerra*. La importante banda sonora de esta película es un homenaje a las canciones de los años 40/ 50. Allí encontramos a estrellas de la canción como Celia Gámez (*Ya hemos pasao* y *Mírame*) o Imperio Argentina (*Échale guindas al pavo*). Recupera también canciones que conocieron problemas de censura como *Rasca-yu*, interpretada por Bonet de San Pedro, que decía una frase que sonó mal a las autoridades religiosas: «Rasca- yu, cuando mueras que harás tú. Tú serás un cadáver nada más...». *Se va el caimán* fue censurada porque algunos identificaron al caimán con el dictador. En esta «recuperación» musical, el papel de Saura es fundamental, ya que en *El jardín de las delicias* apunta sus películas con célebres canciones de la posguerra con una marcada predilección por la cantante Imperio Argentina, que canta *Recordar*, y *Rocío* en *La prima Angélica* y *¡Ay, Maricruz!* en *Cría cuervos*. Además, el título *Dulces horas* proviene de la canción *Recordar*: «Recordar las dulces horas del ayer...». Pedro Olea, con *Pim, pam, pum... fuego*, también participa en este trabajo de recuperación. De todas las canciones, la que ha tenido el destino más sobresaliente ha sido *La bien pagá*, creada por Miguel de Molina. En 1971 Bardem se la hizo cantar a Sarita Montiel en una versión ligeramente modificada, y Martín Patino utiliza la versión original en su película *Canciones para después de una guerra*. Es Almodóvar en 1984 quien vuelve a utilizarla de nuevo: sobre la versión original canta un *play-back* que, lejos de ser paródico, es el homenaje de un homosexual a otro. Por último, con *Las cosas del querer*, de Jaime Chávarri, *La bien pagá* se instala en el relato en una película homenaje a Miguel de Molina. La canción se ha convertido en el más importante lazo de unión con un pasado olvidado, cuestionado y después recuperado.

Saura consigue desarrollar un cine muy personal, sumamente metafórico, pero el final del franquismo deja caduco y pasado de moda este tipo de escritura. Un poco contra su voluntad se ha visto convertido en el portaestandarte del antifranquismo y esta confusión ha sido mantenida por una buena parte de la crítica. Ésta ha acabado abandonando al cineasta que ha proseguido una carrera muy digna de interés.

2.4. La tercera vía

Uno de los más curiosos intentos de la época se debió a la iniciativa del productor José Luis Dibildos. Entre el cine muy comercial y el cine de autor, la tercera vía debía ser un espectáculo popular con implicaciones sociales. Las tres películas realizadas por Roberto Bodegas son los mejores ejemplos. *Españolas en París* (1970) aborda de manera complaciente el problema de las *chachas* hispanas, *Vida conyugal sana* (1973) es una mirada sobre la pareja española incapaz de seguir la evolución de las costumbres y *Los nuevos españoles* (1974) evoca los cambios de comportamiento de los oficinistas españoles influenciados por las técnicas americanas de mercadotecnia. Antonio Drove, tras un importante cortometraje de fin de estudios, *La caza de brujas* (1967), cuya acción se sitúa en un colegio religioso y que evoca los amores particulares entre dos adolescentes, realiza dos comedias: *Tocata y fuga de Lolita* (1974), película muy arrebatada sobre el problema del conflicto generacional, y *Mi mujer es muy decente dentro de lo que cabe (1974)* que, al revés que la precedente, es muy mal recibida.

2.5. Una nueva generación de cineastas

José Luis Borau, que no es precisamente un nuevo cineasta, debuta tardíamente con un digno *western, Brandy* (1963), y una respetable policiaca, *Crimen de doble filo* (1964). Pero su personalidad va a mostrarse con dos obras importantes: *Hay que matar a B.* (1973), muy mal distribuida, es un apasionante intento de asociar lo policiaco con el cine político. Encuentra la eficacia del cine negro americano dejando el campo libre a una lectura más hispánica, un ambiente inquietante donde los seres están continuamente sometidos a presiones cuyo origen ignoran. Esta original obra no fue bien comprendida cuando se presentó, y lo contrario le sucedió a *Furtivos* (1975), visión muy negra del campo donde las más secretas pulsiones salen a la luz en un estilo muy alusivo. Obtiene la Concha de Oro del Festival de San Sebastián y, además, su presentación, en septiembre de 1975, pareció muy simbólica como fin de una época. Con *El bosque del lobo* (1970), su tercera película, Pedro Olea realiza su primera gran obra, adentrándose en el mundo de la mitología gallega y denunciando las creencias de que es víctima un epiléptico magistralmente interpretado por José Luis López Vázquez. *No es bueno que el hombre esté solo* (1972) evoca las relaciones mantenidas por un hombre y una muñeca, tema sobre el que vuelve dos años después Berlanga. *Pim, pam, pum... fuego* (1975), obra esencial de finales del franquismo, se atreve a hablar abiertamente de los años 40. En el sórdido Madrid de la posguerra, Julio es un enchufado del régimen capaz de decidir, tiene medios de presión, dinero, controla el mercado negro y las necesarias influencias. Se comprará la mujer que ama, Paquita, hija de un republicano, que a su vez está enamorada de un maquis que tiene que huir a Francia. Julio conseguirá meter a su amante en un *night-club* sobornando al director y la instalará en un hermoso apartamento donde abusará de ella antes de matarla cuando descubra su relación con el maquis. Jaime de Armiñán había trabajado mucho para la televisión antes de pasarse al cine. Tras dos películas anodinas, rueda en 1971 *Mi querida señorita,* que aborda con tacto y coraje el tema tabú del transexualismo y denuncia con humor el comportamiento sexual de los españoles. *El amor del capitán Brando* (1974) es una hermosa obra en la que se mezclan la visión de un antiguo republicano, una huelga de niños y el descubrimiento del amor por un adolescente en brazos de Ana Belén. La película siguiente *Jo, papá* (1975), es un retorno a la historia de la Guerra Civil pero su ambigüedad decepciona.

Víctor Erice no ha realizado más que un sketch de *Los desafíos* (1969) cuando rueda una auténtica obra maestra, *El espíritu de la colmena* (1973), una nueva lectura de la historia de los años cuarenta. En un pueblo castellano aislado, Fernando, apicultor, lleva una vida completamente vegetativa de la que parece haber huido el mundo cotidiano. Esta autarquía será rota por la llegada de un cine ambulante que presenta Frankenstein. Todo es alusivo y hasta el mismo título tiene dos lecturas posibles: evocación de la película *El espíritu de una raza* y el espíritu en su doble acepción. Fernando instruye a sus hijas sobre la relación del hombre con el mundo exterior y el temor o la prudencia inundan sus palabras. El estudio de las abejas no es más que una manera suplementaria de huir de una historia en la que no participa desde hace tiempo. La mirada que Fernando echa sobre el universo es la de un entomólogo más interesado por la colmena que por las abejas. El pueblo de Víctor Erice no ofrece más que una salida a los diversos personajes, el repliegue sobre sí mismo, el estancamiento, y las escasas evasiones no son más que otras tantas ilusorias huidas: la apicultura y el cine.

2.6. El crepúsculo de los «subgéneros»

El inicio de los años setenta está marcado por una sensible evolución de los «subgéneros». El *chorizo-western* va desapareciendo poco a poco, pero el cine de terror conoce un cierto resurgir con la recuperación de los mitos clásicos operada por Jesús Franco en *El Doctor Mabuse* (1971), *Drácula contra Frankenstein* (1972) o *La hija de Drácula* (1972). El éxito de la película americana de G.A. Romero, *The Night of the Living Dead (La noche de los muertos vivientes*, 1968), inspira a Armando de Ossorio, autor de una interesante tetralogía en la que se mezclan muertos vivientes y templarios: *La noche del terror ciego* (1972), *El ataúd de los muertos sin ojos* (1973), *El buque maldito* (1973) y *La noche de las gaviotas* (1975). Heredero

de la tradición anglosajona, Eugenio Martín consigue un éxito con *Pánico en el Transiberiano* (1972), donde los viajeros del mítico tren se enfrentan a un extraterrestre. No carece de ritmo la película y cuenta con un reparto de prestigio en el que figuran Christopher Lee y Peter Cushing. Inspirándose en *Camilla*, de Sheridan Le Fanu, Aranda rueda *La novia ensangrentada* (1972), en la que retorna sobre uno de sus temas favoritos: la mujer. Jacinto Molina, bajo el seudónimo de Paul Naschy, es la estrella protagonista de numerosas películas de terror entre las que cabe mencionar *El jorobado de la morgue* (1972), de Javier Aguirre, en la que es un inquietante pariente de los personajes interpretados por Lon Chaney. La película catalana de sketches, *Pastel de sangre* (1971), de José María Vallés, Emilio Martínez Lázaro, Francesc Bellmunt y Jaime Chávarri, trata de ser, sin conseguirlo, una respuesta artística al cine fantástico por entonces producido en España. *La cabina* (1972), cortometraje de A. Mercero, recibe varios premios por una historia en la que López Vázquez queda encerrado en una cabina telefónica hasta la muerte. Uno de los últimos sobresaltos del género es la extraña *¿Quién puede matar a un niño?* (1976), de Narciso Ibáñez Serrador, que nos transporta a una isla en la que los niños asesinan a todos los adultos y reinan como señores.

El musical no produce ninguna obra importante excepción hecha del curioso trabajo de Gonzalo Suárez *Al diablo con amor* (1972). El cine *sexy celtibérico* conoce, sin embargo, un éxito indiscutible en el que una buena parte corresponde a la cicatera censura. Este cine en forma de comedia traza involuntariamente un balance sobre el desastroso estado en el que se encuentra la sexualidad en España. El mayor éxito de la época es *No desearás al vecino del quinto* (1970), de Ramón Fernández, donde Alfredo Landa aconseja al joven ginecólogo que se haga pasar por homosexual para evitar problemas con los maridos de sus pacientes. Inútil decir que el tema da lugar a toda una serie de situaciones equívocas, algunas divertidas, otras exasperantes. Esta película da origen al *landismo,* del nombre del actor Alfredo Landa, término que caracteriza las películas que muestran las frustraciones del español medio cuya desorientada sexualidad se encuentra en esos documentos sociológicos que llevan por título *Lo verde empieza en los Pirineos* (1973), de Escrivá, o *El reprimido* (1974) de Ozores. La ambigüedad parece obvia ya que verde hace referencia tanto al verdor de los árboles cuanto al erotismo.

7. LA TRANSICIÓN (1975-1982)

El cine español, en evolución desde 1972, no ve en la muerte de Franco más que el último avatar de la descomposición del régimen. Diversos decretos regulan las medidas necesarias para liberar o sostener el cine, entre ellos el Real Decreto de 11 de noviembre de 1977 que suprime la censura. La producción queda a la libre iniciativa de francotiradores como Elías Querejeta, Luis Megino o Alfredo Matas. Por lo demás, la Cinema International Corporation tiene atenazada la distribución. El descenso en la asistencia se hace alarmante a principios de los años 80 y los mercados exteriores cada vez son más reducidos. El cierre de salas es preocupante, ya que en diez años han pasado de 5.000 a 3.500. El primero de agosto de 1979 se firman los primeros acuerdos entre el cine y la televisión cuyos efectos se dejarán sentir a partir de 1982. Por contra, el número de películas producidas tiende a aumentar sensiblemente: 1976 (90 películas) — 1977 (97) — 1978 (79) — 1979 (73) — 1980 (110) — 1981 (137) — 1982 (146).

1. NUEVOS ESPACIOS DE LIBERTAD

1.1. El testamento de Buñuel

Luis Buñuel vuelve por última vez a España en 1977 para rodar su última película, una coproducción franco-española, *Ese oscuro objeto de deseo*, nuevamente con Fernando Rey, uno de sus actores-fetiche. La obra está adaptada de la novela de Pierre Louÿs, *La femme et le pantin,* que ya había dado lugar a otras adaptaciones [1]. Esta antigua idea que Buñuel no había conseguido realizar, cuenta la aventura de un viejo enamorado de una joven que se le niega continuamente aunque dejándole entrever que debe conservar la esperanza. El papel de la mujer es representado a la vez por dos actrices, Carole Bouquet y Ángela Molina, lo que constituye una reflexión fundamental sobre la ilusión y la mirada, lo real y lo imaginario. Publica sus memorias *Mi último suspiro* (1982) antes de apagarse el 30 de julio de 1983. Con él se pasa una página esencial y su personalidad va a echarse cruelmente en falta en un cine en busca de su identidad.

---

[1] *The Devil is a Woman (1935),* de Josef Von Sternberg con Marlène Dietrich y *La femme et le pantin* (1959), de Julien Duvivier con Brigitte Bardot.

1.2. El documental o el contacto con la realidad

En los últimos años del franquismo y durante la transición, el cine da un giro sobre sí mismo. Tras la muerte del dictador España se apresta a descubrir el aspecto escamoteado por los vencedores: la historia vivida por los que perdieron la guerra. No exactamente los del exilio, sino los del interior, los hombres y las mujeres que tuvieron que soportar la capa de silencio y de miedo impuesta por el régimen. ¿Cómo asombrarse, pues, de que obras como *Las largas vacaciones del 36* o *Las bicicletas son para el verano* salieran a la luz y conocieran de inmediato un éxito merecido?

El documental, amordazado por el NO-DO, que no desaparece hasta 1976, vuelve a encontrar los caminos de la libertad. La autorización de *Canciones para después de una guerra* en 1976 se confunde con la emergencia de bastantes de ellos que son otras tantas pasarelas para encontrarse con la verdad. En primer lugar, otra película de Basilio Martín Patino, *Caudillo* (1977), en la que se muestra el ascenso al poder del dictador. La objetividad de la obra fue criticada en la época pero sigue siendo un documento importante. *El desencanto* (1977) es esencial para comprender mejor las tensiones subyacentes del franquismo. Esta larga entrevista a la mujer y los hijos del poeta Leopoldo Panero, franquista desaparecido en 1962, permite a Jaime Chávarri hacer un retrato al vitriolo de la época oficial despedazado por aquellos. En *Raza, el espíritu de Franco* (1977), Gonzalo Herralde desmonta la imagen del dictador y los mitos del régimen utilizando extractos de *Raza* y entrevistas. Cecilia y José J. Bartolomé realizan *Después de...* (1980), película en dos tiempos que trata de reflejar los cambios políticos y sociales acaecidos en España desde la muerte del dictador hasta el golpe de Estado abortado del 23 de febrero de 1981. *La vieja memoria* (1979), de Jaime Camino, es una mezcla de documentales de época y de testimonios de sobrevivientes de la guerra civil (Gil Robles, Dolores Ibárruri, Federica Montseny, Josep Tarradellas, etc.) así como una sutil reflexión sobre las aproximaciones de la memoria.

1.3. La reconstrucción histórica

La reconstrucción histórica permite, en otro registro, hallar una memoria perdida. Bardem encuentra su plena eficacia en *Siete días de enero* (1979), reconstrucción del asesinato, el 24 de enero de 1977, de cinco abogados del Partido Comunista a manos de la extrema derecha. Mario Camus rueda una hermosa obra clásica, *Los días del pasado* (1977), en la que una maestra solicita su traslado a un pueblo de la cordillera cantábrica con el fin de encontrarse con Antonio, maquis escondido en el bosque. La película evita caer en las trampas del sentimentalismo y reconstruye con seriedad la posguerra. Sobre un tema bastante cercano, Manuel Gutiérrez Aragón realiza una obra personal, *El corazón del bosque* (1978), en la que Juan recibe la orden de ponerse en contacto con un maquis que, desde su refugio, continúa el combate sin tener en cuenta órdenes superiores. La película va más allá de la dimensión puramente anecdótica y ofrece una visión animalizada de los seres humanos y de las relaciones que mantienen entre sí. Una de las escenas más fascinantes es cuando el maquis se revuelca en el fango en una visión animista del mundo.

El País Vasco y Cataluña inician el mismo tipo de recorrido sólo que más complejo, ya que el nacionalismo tiene allí un peso muy específico. Josep María Forn realiza una película densa, *Companys, procès a Catalunya* (1979), sobre el presidente de la Generalitat. Pero es sobre todo Antoni Ribas quien va a «reencontrar» la historia catalana gracias a dos obras: *La ciutat cremada* (1976) y *Victòria* (1983). La primera recorre inteligentemente la historia catalana de 1899 a 1909. Por contra, la segunda es un interminable fresco en el que el autor construye una especie de *Novecento* y en la que el viscontiniano Helmut Berger no levanta esta empresa demasiado ambiciosa. En una adaptación libre de Lewis Carroll, Jordi Feliu realiza *Alícia a l'Espanya de les meravelles* (1978), en la que volvemos a encontrar esta misma voluntad de revisión histórica de la dictadura asociando las imágenes de la actualidad y la visión satírica.

El País Vasco encuentra su portavoz en la persona de Imanol Uribe. Su primera obra, *El proceso de Burgos* (1979), es una larga serie de entrevistas a militantes de ETA que tuvieron un papel activo en el mencionado proceso. Siempre en la misma línea de recuperación histórica, *La fuga de Segovia* (1981), relato político-policiaco, construye una ficción inspirándose en la evasión de unos nacionalistas vascos del penal de Segovia en 1976.

1.4. Una sexualidad en libertad

Los primeros años de la democracia son testigos de la aparición de una larga serie de películas que reivindican el derecho a la libertad sexual. Dos cineastas han inscrito estos problemas en sus obras con una cierta constancia: Jaime de Armiñán y Eloy de la Iglesia. El primero tiene seis películas en su haber en 1976 y las turbulentas relaciones que mantienen los seres con su sexualidad se convierten en el tema central. La transexualidad en *Mi querida señorita*, las relaciones adulto-adolescente en *El amor del capitán Brando*. Armiñán profundiza aún más en *El nido* (1980), donde la joven adolescente Goyita mantiene ambiguas relaciones con el viejo Don Alejandro. El autor, con gran delicadeza, evita el escollo que este tema podía representar. De la Iglesia, cuya carrera se remonta a 1966, encuentra en la homosexualidad uno de los ejes de su filmografía, cuyas obras se caracterizan con frecuencia por la exageración y por su extremada violencia y topan muy a menudo con la censura. Los turbulentos juegos de la sexualidad ocupan al profesor y a sus tres alumnos en *Juego de amor prohibido* (1975), al empleado de banca y su amigo en *Los placeres ocultos* (1977), a la joven y su perro lobo en *La criatura* (1977), al sacerdote y su sexualidad reprimida en *El sacerdote* (1978), y al político comunista en *El diputado* (1978). Esta última es una obra fuerte en la que, dejando de lado sus exageraciones habituales, evoca con inteligencia la existencia de un muchacho que está a sueldo de la extrema derecha para ejercer un chantaje a un diputado del que se enamorará antes de ser ejecutado por sus comanditarios. Eloy de la Iglesia dosifica con habilidad las implicaciones personales de sus personajes y sus opciones políticas. No es el único que aborda este tema. *Ocaña, retrato intermitente* (1978), de Ventura Pons, se centra en un célebre homosexual barcelonés. *A un dios desconocido* (1977), de Jaime Chávarri, es un sutil homenaje a García Lorca que, dios desconocido y ausente, baña de ternura y de sensualidad a todos los personajes. Evoquemos finalmente la película de Pedro Olea, *Un hombre llamado flor de otoño* (1978), en la que, bajo la dictadura de Primo de Rivera, un abogado barcelonés comparte su trabajo de sindicalista durante el día con su travestismo nocturno y acabará en prisión a causa de sus actividades anarquistas.

El incesto aparece en *Furtivos*, de Borau, y en *Elisa, vida mía*, de Saura, y la transexualidad en *Cambio de sexo* (1976), de Vicente Aranda, en la que Victoria Abril encuentra su primer gran papel junto al transexual español Bibi Andersen, personaje marginal pero esencial del cine contemporáneo. En 1980 Pedro Almodóvar rueda *Pepi, Luci, Bom y otras chicas del montón*, cuya libertad de tono se convierte en el prototipo de las películas de la *movida* con una estética *underground* que rinde homenaje a John Waters: sexualidad desbordada, música rock y bolero, falta de respeto a las convenciones y cercanía al *comix* serán las características de esta película mítica de la nueva España.

1.5. El cine de las autonomías

El último fenómeno, ligado muy estrechamente a la apertura política, es el desarrollo del cine de las autonomías. El País Vasco produce casi exclusivamente obras de carácter político. Cataluña, sin renunciar a la ideología, cultiva un cine popular. Madrid y Valencia, por su parte, prefieren recorrer el registro de la comedia, ligera en un caso y grotesca en el otro.

Los prometedores inicios de la renovación catalana son debidos al interés manifestado por las autoridades. Un grupo de intelectuales y de cineastas crean, a la muerte de Franco, el Institut del Cinema Català (ICC) que produce cortometrajes y documentales de actualidad. Algunos cineastas van a hacer una carrera interesante como Francesc Betriu, que desarrolla un cine en el que la sátira, lo grotesco y el esperpento se mezclan con gracia: *Furia española* (1974), que ironiza sobre el fútbol, *Los fieles sirvientes* (1980), obra desconcertante que recuerda en muchos aspectos al Buñuel de *El ángel exterminador* y, por último, la adaptación de la novela de Mercé Rodoreda *La plaza del diamante* (1981), un logro que consigue reconstruir el ambiente del texto gracias, sobre todo, a la interpretación de Silvia Munt.

Josep Antón Salgot realiza una película extraña y única, *Mater amatísima* (1980): una madre, interpretada de manera muy destacada por Victoria Abril, trata de establecer un diálogo con su hijo autista antes de dormirle definitivamente. El director catalán más popular, Francesc Bellmunt, realiza un cine que mezcla el humor y las preocupaciones autonomistas. Tras una película-testimonio, *La nova cançó* (1975), rueda diversas comedias, entre ellas *La quinta del porro* (1980), en donde no vacila en utilizar un humor de soldadesca de un gusto más bien dudoso. Tras algunas buenas obras, el cine catalán no ha conseguido crear un tono propio y ha tratado más bien de dar satisfacción a problemas y temas puramente regionalistas que llevan a un callejón sin salida.

Con la llegada de la democracia el cine vasco consigue organizarse. Además de Uribe, del que ya se ha hablado, Iñaki Núñez rueda con su productora algunos reportajes como *Estado de excepción* (1976), con contenido fuertemente ideológico. Las preocupaciones políticas se mezclan con la búsqueda de una identidad de la que son testimonio documentales como *Sabino Arana,* de Pedro Sota y José Julián Bakebedo o *Guipúzkoa* (1979), de Pío y Julio Caro Baroja. Señalemos igualmente el determinante papel que desempeña Elías Querejeta quien, desde 1960, ha estado en la génesis de obras esenciales como las de Saura, Erice, Gutiérrez Aragón, Ricardo Franco o Chávarri.

El cine valenciano conoce un renacimiento gracias a la fuerte personalidad de Berlanga. Siguiendo sus pasos, Carles Mira construye una obra en la con una mente llena de desmesura y eros hace maravillas como *Con el culo al aire* (1980), cuyo argumento podría ser como un anticipo del cine de Almodóvar: un joven de pueblo encuentra a una cantante que le hace descubrir los placeres del sexo; tan traspuesto queda por el acontecimiento que lo internan en un manicomio dirigido por religiosas. El veterano Vicente Escrivá rueda una extraña comedia en verso, *El virgo de Visanteta* (1978), en la que se mezclan el erotismo y la religión en un ambiente medievalesco.

La comedia va a conocer en Madrid un resurgir desde los primeros años de la democracia. La importancia de la película de José Luis Garci *Asignatura pendiente* (1977) es innegable. Con el pretexto del encuentro de un hombre y una mujer que han sido novios en otros tiempos, el cineasta pasa una mirada agridulce por la España contemporánea. Su gran éxito permite el desarrollo de una nueva comedia. Fernando Colomo es el me-

jor representante del género. En su comedia de éxito *Tigres de papel* (1977), una crónica tierna y desencantada de la vida cotidiana de dos parejas de bobalicones madrileños, ha sabido captar algo del aire de los tiempos. Fernando Trueba sigue el mismo camino en *Ópera prima* (1980), amable comedia sobre los amores de un joven y su prima. Estas obras, que tienen entre sí un cierto aire de familia, hacen un retrato muy ajustado del Madrid de la transición donde lo cotidiano disputa el lugar constantemente a la nostalgia.

La comedia, bajo otras cámaras, busca caminos más originales. José Luis García Sánchez rueda una serie en la que el humor corrosivo está a veces teñido con una punta de surrealismo, como en *Las truchas* (1977), donde con ocasión de una jornada de pesca los participantes se envenenan con sus capturas. Gonzalo Suárez, por su parte, sigue con su cine muy literario en *Parranda* (1977) y *Reina Zanahoria* (1978). Estas dos desconcertantes películas evolucionan entre la comedia y el drama ofreciendo situaciones particularmente turbadoras. Tres hombres dan una fiesta en la que se mezcla el alcohol, el sexo y la muerte en la primera. Un publicitario ambicioso quiere hacer una campaña publicitaria sobre las zanahorias, proyecto que le enfrenta a su Reina, en la segunda.

2. DESTAJISTAS Y CREADORES

2.1. La familia Ozores

Si los sociólogos quieren en el futuro sumergirse en la España contemporánea tendrán que analizar imperativamente la obra de Mariano Ozores. Hijo y hermano de actores, es un caso único si se exceptúa a Pedro Lazaga. Debuta a finales de los años cincuenta con algunas películas ambiciosas como *La hora incógnita* (1963), pero el fracaso de ésta última le orienta hacia la comedia. Mariano Ozores realiza casi un centenar de películas coronadas muchas de ella por el éxito. Y si José Luis Ozores, un gran actor cómico, lamentablemente no pudo intervenir más que en algunas de las películas de su hermano, su otro hermano, Antonio, excelente cómico también, interviene en casi todas ellas. Se trata casi siempre de comedias groseras en las que se repiten hasta la saciedad las mismas artimañas, pero lo cierto es que se trazan un retrato de la España contemporánea del que no habría que olvidar su visión sarcástica y sus incisivos diálogos. Durante los años de la transición cuenta con los servicios de dos cómicos, Fernando Esteso y, sobre todo, el destacable Andrés Pajares. Los títulos dan una idea bastante exacta de por dónde se mueve la inspiración de estos señores: los jugadores de bingo en la excelente *Los bingueros* (1979), el *Rocky* de Sylvester Stallone en *Yo hice a Roque III* (1980), el divorcio en *Qué gozada de divorcio* (1981), los pequeños desajustes en *Todos al suelo* (1982), la historia de España en el increíble éxito de *Cristóbal Colón, de oficio descubridor* (1982), o la llegada del PSOE al poder con *¡Que vienen los socialistas!* (1982). Cineasta no exento de talento que se deja llevar de la facilidad, Mariano Ozores es un fenómeno que habrá que volver a evaluar.

2.2. Los antiguos

La obra de Bardem está prácticamente en una vía muerta,

pero la de Berlanga se orienta poco a poco en una nueva dirección. Rafael Azcona sigue escribiendo los guiones, pero las películas se orientan de manera muy sensible hacia la comedia valenciana de inspiración fallera, grotesca y parlanchina. *La escopeta nacional* (1977), *Patrimonio nacional* (1981) y *Nacional III* (1982), excelentes reflejos de la España de la transición, cuentan las aventuras de la familia Leguineche enfrentada a los cambios políticos del momento. Fernando Fernán Gómez, por su parte, parece encontrar una veta de inspiración en *Bruja, más que bruja* (1976) deliciosa comedia a medio camino entre el esperpento rural y el homenaje a la zarzuela, *Mi hija Hildegart* (1977), evocación de una feminista española, y *Cinco tenedores* (1979), comedia muy lograda y perfectamente dirigida en la que la esposa de un restaurador se encapricha del adolescente que su marido ha acogido.

José Luis Borau no rueda más que una sola película, *La Sabina* (1979), en la que un escritor inglés va a Andalucía siguiendo los pasos de otro escritor desaparecido. La Sabina es un ser extraño y mítico que devora a los hombres. Borau recupera los temas del amor y de la muerte que atraviesan toda su obra. Summers realiza de 1976 a 1981 cuatro películas en las que vuelve a su gusto por los temas de la adolescencia en *Mi primer pecado* (1976), y a su cinismo en *To er mundo e güeno* (1981) en la que con la técnica de la cámara oculta, sorprende a los viandantes. Aquellos que habían pasado los años del franquismo construyendo en muchos casos una obra personal pese a los inconvenientes de la censura, no logran franquear con facilidad el período de la transición, como si las mutaciones de los tiempos les hubieran superado de alguna manera.

2.3. Carlos Saura por nuevas vías

Tras la muerte de Franco, Carlos Saura somete a completa revisión su escritura fílmica. *Elisa, vida mía* (1977), la película más conseguida del Saura primera época, recorre su obra anterior para ofrecernos un testamento en el que la obra-hija y el cineasta-padre no acaban de identificarse ni de perderse. Esta especie de sutil conciencia del fin de un mundo recorre constantemente este filme mágico y secreto. *Los ojos vendados* (1978), reflexión sobre la tortura, es bastante decepcionante, y *Mamá cumple cien años* (1979) subraya aquel carácter regresivo, ya que el cineasta se repliega sobre sí mismo para buscar su inspiración; pese a todo, se trata de una de sus mejores obras. La mirada de *Deprisa, deprisa* (1980), especie de tragedia musical, es la de un hombre de cincuenta años sobre una juventud que trata de entender. *Dulces horas* (1981) marca un nuevo paso atrás mientras trata de recuperar su escritura perdida. En 1981, inicia una trilogía sobre la danza en compañía de Antonio Gades, siendo *Bodas de sangre* un éxito incuestionable al establecer un verdadero diálogo entre el objeto-cámara y el sujeto-bailarín que transforma las relaciones y metamorfosea aquella en un verdadero danzante que se integra en la coreografía. En 1982, Saura rueda una coproducción franco-mexicana, *Antonieta*, que oscila entre el álbum de fotografías y el análisis de los destinos de una mujer y de un pueblo. Bajo el trienio Miró, trabajará de nuevo con brillantez con Gades en *Carmen* (1983), juego sutil y constante entre el sueño y la realidad, y *Los zancos* (1984), sobre el amor loco que alimenta un viejo profesor por una joven. Pese a que sigue siendo un técnico perfecto, no consigue Saura encontrar una escritura tan personal como antes pero su desconcierto creativo sirve para dar aún más valor a la originalidad de su itinerario.

2.4. Manuel Gutiérrez Aragón, cineasta de la transición

El cineasta que se afirma como verdadero representante de la transición es, sin lugar a dudas, Manuel Gutiérrez Aragón. *Habla mudita* (1973) es una original primera película en la que un editor, refugiado en un pueblecito de montaña, encuentra numerosas dificultades al intentar enseñar a hablar a una joven muda. En 1977 rueda dos películas muy diferentes: *Camada negra* y *Sonámbulos*. La primera es una reflexión sobre el fascismo en la que, siguiendo los pasos del joven Tatín, el autor se interroga sobre la transición de un individuo desde la adolescencia a la edad madura. Podría parecer como una fábula moderna pero su esquematismo limita su alcance. En cuanto a *Sonámbulos* se trata de una obra sumamente compleja en la que sueño y realidad interfieren en torno a la imagen de un libro que aparece y desaparece al ritmo de un ensayo de teatro alterado por la irrupción de las fuerzas armadas. Gutiérrez Aragón avanza por una senda por la que le hubiera resultado difícil proseguir por lo tenue que se estaba convirtiendo el nivel de comunicación. Ya en *El corazón del bosque*, la escritura, muy simbólica, se hace más legible, pero *Maravillas* (1980) es ya, sin ninguna duda, su primera gran obra. Modernidad y tradición se mezclan allí de manera asombrosa en el retrato de una joven mujer libre, Maravillas, que vive con un padre onanista; las relaciones entre los personajes se ven regularmente modificadas y la reflexión recae sobre la marginalidad de unos individuos mecidos por la música rock y sefardí. Con *Demonios en el jardín* (1982) el realizador confirma su logro anterior: en los años 40, Juanito, que debe permanecer en la cama, se aprovecha de su situación para gobernar a su familia como se le antoja. Lejos del cine de revisión histórica, el autor se complace en mezclar realidad y fantasía, drama y comedia. Se trata, según sus palabras, de su obra más personal en la que reconstruye de alguna manera su propia infancia.

2.5. Modernos y malditos

Pilar Miró empieza su carrera en 1976 con *La petición,* pero será *El crimen de Cuenca* (1979) la película con la que va a conocer el primero de sus grandes éxitos. Película de una violencia extrema, inspirada en hechos reales, cuenta la desgraciada aventura de un crimen imaginario por el que dos hombres son condenados y atrozmente torturados. Este violento ataque a las prácticas de la Guardia Civil será prohibido durante algunos meses. Con *Gary Cooper que estás en los cielos* (1980) construye una apasionada reflexión sobre una mujer que se entera de que tiene que sufrir una grave intervención quirúrgica. La cineasta realiza el retrato de alguien que, durante tres días, va a poner en tela de juicio su vida profesional y personal. José Juan Bigas Luna adapta para su primera obra una novela de Manuel Vázquez Montalbán, *Tatuaje* (1976); este primer ejercicio no anuncia sino parcialmente lo que será su es-

tilo. En este sentido, *Bilbao* (1978) permite penetrar mejor en su universo, en el que los juegos perversos entre los seres humanos son constantemente diseccionados. Aquí un psicópata concibe una pasión, morbosa y obsesa por una prostituta del Barrio Chino a la que va animalizando poco a poco. A un juego semejante nos hace asistir en *Caniche* (1979), donde el canibalismo se convierte en un medio de supervivencia. *Renacer* (1981), de tema muy distinto, es una diatriba contra las sectas religiosas mediatizadas por la televisión y marca una nueva orientación en su original carrera. Ricardo Franco, cineasta que se había revelado con *Pascual Duarte* (1975), rueda la excelente *Los restos del naufragio* (1978). Tras el éxito de su primera película, José Luis Garci lleva una desigual carrera de la que cabe rescatar dos buenos éxitos comerciales: *Las verdes praderas* (1979) y *El crack* (1980). La primera es una comedia en la que un ejecutivo trata de romper con su ajetreado modo de vida, y la segunda es una policiaca, bien llevada, que conoce una continuación en *El crack 2* (1983).

Otros cineastas que habría que clasificar entre los malditos construyen obras que, aunque marginales, no por ello dejan de ser importantes. Iván Zulueta realiza una obra maestra, *Arrebato* (1980), reflexión sobre las relaciones que mantiene un hombre con su cámara. Todo en esta obra de culto es de una rara modernidad: su escritura, su propósito (un ser progresivamente fagocitado por su cámara) y, desde luego, la imagen final. En constante rebeldía, Paulino Viota ha realizado dos obras significativas, una de ellas *Cuerpo a cuerpo* (1982) que expresa el desconcierto de los personajes frente a la evolución de su pareja. Javier Aguirre sigue llevando una carrera comercial poco estimulante junto a apasionantes búsquedas personales como *Vida perra* (1981), adaptación de una novela de Ángel Vázquez, largo soliloquio de una mujer frustrada interpretada de forma magistral por Esperanza Roy. Álvaro del Amo rueda una película experimental, *Dos* (1980), que es una de las mejores del género: negativa a contar una historia, rechazo de las estructuras narrativas habituales, construcción cíclica.

18. HACIA EL RECONOCIMIENTO INTERNACIONAL (1982-1994)

1. EL TRIENIO MIRÓ (1982-1985)

El triunfo electoral de los socialistas trae como consecuencia la necesaria reorganización del mundo de la cinematografía. Pilar Miró es la encargada, desde diciembre de 1982, de operar esa reforma, la más importante del cine español. La ley Miró se inspira en el sistema francés y sus principales medidas son: un sistema de adelantos a cuenta sobre la recaudación, la creación de una categoría «Especial calidad» (estas películas reciben el 65 % del presupuesto), la apertura de salas X y la promoción del cine español. La opinión general es que esta ley es buena pero que deja una puerta abierta al «compadreo». Los miembros de la comisión son a veces profesionales en activo, cosa que acarrea problemas a la hora de seleccionar las películas subvencionables. Aunque la producción desciende sensiblemente durante el trienio — 1982 (146 películas) — 1983 (99) — 1984 (80) — 1985 (76) — pese a las medidas proteccionistas, la calidad media es la que sale beneficiada. Una serie de escándalos y alguna intriga acabaron con Pilar Miró, cuyo gran mérito fue el de haber propuesto, por fin, un sistema coherente. De manera general, los directores parecen olvidar los géneros demasiado mantenidos durante los primeros años de la democracia para volver a sus temas y a su propio estilo. El cine español conoce grandes éxitos en casa pero también comienza a recibir los laureles de fuera. Y así, el año 1983 será el del oscar a la mejor película extranjera, que España recibe por primera vez, concedido a *Volver a empezar* (1982), de José Luis Garci. Gana también el Oso de Oro en Berlín, en 1983, por *La colmena,* el premio de interpretación masculina en Cannes, en 1983, para Paco Rabal y Alfredo Landa por su actuación en *Los santos inocentes,* el premio especial de la crítica, en 1983, en Venecia, por la interpretación de Fernando Fernán Gómez en *Los zancos,* de Saura, el premio a la mejor contribución artística para *Carmen,* en Cannes, en 1983... En fin, el Festival Internacional de San Sebastián recupera la categoría A en 1985.

1.1. El reino de las adaptaciones literarias

Los acuerdos suscritos entre el cine y la televisión en 1979 estipulaban que las producciones inspiradas en textos literarios españoles de prestigio serían bienvenidas. Esta situación se prolonga hasta 1983 aunque con algunas concesiones; se proponen dos versiones, una larga para la televisión y otra más corta para su explotación en las salas. Esta prioridad acordada a las adaptaciones va a traer como primera consecuencia la producción de obras «de calidad», de una factura impecable aunque no siempre muy inspiradas. Además, este renovado recurso a los textos literarios pone en evidencia la cruel ausencia de guionistas. Por su parte, la televisión se compromete a proyectar 1/4 de películas españolas (frente al 1/10 anterior).

Los escritores más adaptados son normalmente los que se han mostrado más opuestos al régimen franquista —Rodoreda, Sender, Marsé, Fernández Santos— además de otros como Cela. Pero la multiplicación de estas adaptaciones no es una garantía de calidad y algunos realizadores poco inspirados ofrecen películas que no son más que pálidos reflejos de las obras de que proceden: Antonio José Betancor rueda *Valentina* (1982), y su continuación, *1919, Crónica del alba* (1983); Francesc Betriu adapta *Réquiem por un campesino español* (1985), que no consigue encontrar el ritmo de la novela; Gonzalo Herralde realiza *Últimas tardes con Teresa* (1983), de Juan Marsé, pero no se queda más que con los aspectos más superficiales y sensuales de la novela. Miguel Ángel Díez traiciona la obra de Valle-Inclán con *Luces de bohemia* (1985) al realizar una obra plásticamente irreprochable pero a muchas leguas de distancia de la causticidad del padre del esperpento; Miguel Picazo decepciona con su convencional adaptación de *Extramuros* (1985).

Los esfuerzos de Jaime Chávarri por adaptar la hermosa novela de Llorenç Villalonga *Bearn* (1983), no se ven totalmente coronados por el éxito, pero hay algunas otras adaptaciones que merecen nuestra atención. Mario Camus es quien mejor partido ha sabido sacar de las novelas que le han inspirado: *La colmena* (1982) es un loable ejercicio de estilo donde consigue encontrar, con suma agilidad, la brillante estructura del relato. *Los santos inocentes* (1984), de Delibes [1], tiene una construcción menos feliz pese a la excelente dirección de actores que valdrá a Alfredo Landa y a Paco Rabal el premio de interpretación masculina en Cannes. Aunque tal vez sea de lamentar que no haya sido Fernando Fernán Gómez quien haya adaptado su propia obra *Las bicicletas son para el verano* (1983), el trabajo de Chávarri no carece de cualidades. Cuadro de la España en guerra, la película sigue el itinerario de una familia republicana en Madrid durante los años del conflicto. Obra sensible, mezcla con habilidad una emoción nostálgica y un humor inteligente que ha sabido tocar al público de la época. Con una gran finura atacó Vicente Aranda *Asesinato en el comité central* (1982), de Manuel Vázquez Montalbán. Este «docudrama» deja un poco de lado la imagen del detective Pepe Carvalho para trazar uno de los mejores retratos de la España de la transición política, inquieta y en mutación. Tras diez años de silencio, Víctor Erice retorna con *El sur* (1983), según la novela de Adelaida García Morales. En una ciudad del norte de España un padre y su hija tejen unos lazos de rara intensidad. El universo del director está hecho de toques discre-

---

[1] Este autor ha sido muy adaptado después del franquismo y su obra ha inspirado *Retrato de familia, La guerra de papá, El diputado voto del Sr. Cayo,* y la película de Luis Alcoriza *La sombra del ciprés es alargada* (1990).

tos, de evocaciones, de lo no dicho. Nada parece pasar en esta película muy pictórica (las influencias de Vermeer o de Caravaggio son muy evidentes), donde los personajes viven sin embargo tormentos indecibles. Lejos de cualquier moda, profundiza en su universo con un estilo de escritura clásico aunque innova constantemente con sus juegos de composición, sus encuadres y sus largas secuencias de apertura y cierre al negro. La muerte, y también la vida, se casan y se separan en un ballet en el que los seres no siempre son capaces de sentirse responsables.

1.2. El triunfo de la comedia

Este género, siempre estimado, conoce en su versión madrileña nuevos éxitos. La visión puede ser tanto desengañada, como en *La línea del cielo* (1983), de Fernando Colomo, que prosigue una carrera consagrada a la comedia, como absurda y grotesca en *Sal gorda* (1983), de Fernando Trueba, que rueda además un filme muy teatral, *Sé infiel y no mires con quién* (1985), que obtiene un enorme éxito. El publicitario Miguel Hermoso tiene un debú prometedor con la deliciosa comedia *Truhanes* (1983): un golfante de altos vuelos se hace amigo de un pequeño delincuente y le ayudará al salir de la prisión. Manuel Gutiérrez Aragón inicia un cambio de rumbo con dos películas llenas de humor: *Feroz* (1984), fábula sobre nuestra condición animal en la que el papel principal es desempeñado por un oso, y *La noche más hermosa* (1984), brillante comedia —basada de lejos en el *Curioso impertinente,* novela intercalada en el *Quijote*— cuyo tono frío y distante le confiere un carácter insólito que denota

la influencia de la comedia americana. Berlanga rueda *La vaquilla* (1985), proyecto ya antiguo. Por primera vez se aborda la Guerra Civil con un tono de comedia: los soldados de los dos campos tratan de sobrevivir entre los desastres del conflicto. Aunque el humor es omnipresente, la película, como sucede siempre con Berlanga, es fruto del más total desencanto y la vaquilla con sus banderillas ofrece a la perfección la imagen de lo irrisorio.

También se embarcan en el mundo de la comedia Jaime de Armiñán, Francisco Regueiro y Gonzalo Suárez. El primero, siempre con la misma gracia, rueda sin interrupción *Stico* (1984), donde recupera y renueva el tema del señor y del esclavo de una manera humorística, y *La hora bruja* (1985), que se sumerge en un ambiente sobrenatural. Con frecuencia se ha hablado de Buñuel a propósito de Regueiro y es cierto que *Padre nuestro* (1985), tras diez años de silencio, es una obra regocijante en la que vuelve a encontrarse sobre todo un gusto por el humor negro: el cardenal Fernando vuelve a su casa y se encuentra con que su hija Cardenala se ha hecho prostituta. En cuanto a Gonzalo Suárez, realiza a partir de una de sus novelas, *Epílogo* (1984), una película espléndida que recuerda a ratos *Providence* de Alain Resnais: dos escritores que han trabajado juntos se separan al enamorarse de la misma mujer; diez años después se encuentran tratando de poner un final a sus historias.

1.3. El cine de las autonomías

Los años Miró son los de la eclosión del cine vasco, vuelto tanto hacia su historia y sus mitos como a su actualidad violenta.

Las películas valiosas se multiplican durante este período. Alfonso Ungría rueda una sorprendente obra histórica, *La conquista de Albania* (1983), que cuenta las aventuras de una expedición enviada en el siglo XIV por los reyes de Navarra. Imanol Uribe evoca en *La muerte de Mikel* (1983) las dificultades que encuentra un homosexual nacionalista para vivir en la sociedad vasca contemporánea; la película convertirá a Imanol Arias en una estrella. Pedro Olea, tras bastantes años de silencio, retorna con *Akelarre* (1983), donde a través de la caza de brujas en la Navarra del siglo XVI se aprecia su gusto por los mundos ocultos. Eloy de la Iglesia conoce sus mayores éxitos explorando el mundo de la juventud delincuente con un tono muy personal y claramente provocador: *Colegas* (1982), *El pico 1* (1983) y *El pico 2* (1984) forman una trilogía en la que explota los temas de la violencia, de la droga y de la homosexualidad hasta los límites de lo soportable. Rueda a continuación *Otra vuelta de tuerca* (1986), destacada adaptación de la caústica obra maestra de Henry James, donde con gran inteligencia hace de la preceptora un personaje masculino. Montxo Armendáriz hace su prometedor debú en *Tasio* (1984), evocación, desde la infancia hasta la edad madura, de la vida de un vasco, carbonero y cazador furtivo que se niega a abandonar su tierra natal pese a las dificultades que pasa para poder sobrevivir. El cine catalán, que había conocido grandes éxitos durante la transición, no consigue levantar ahora un segundo vuelo. Cabe, no obstante, señalar la película sobria y difícil de Raúl Contel, *Crits sords* (1984). Sólo la comedia parece agradar a los ojos de los espectadores, y es el infatigable Francesc Bellmunt quien prosigue su carrera con *Pa d'angel* (1983) y *Un parell d'ous* (1984), dos películas que se caracterizan por una cierta vulgaridad. Carles Mira, por su parte, prosigue en la vía de la comedia valenciana con *Que nos quiten lo bailao* (1983), que vuelve a describir a las mil maravillas el tono de las fiestas populares de la región, las Fallas, donde se mezclan el humor, lo grotesco, el mal gusto y el erotismo: unos visigodos salvajes raptan a la hija del Marqués de Mocorroño y la venden al harem del sultán Aber Amir Al Parrus. Los demás intentos regionales apenas son convincentes. Señalemos pese a todo la producción de Castilla-León *El filandón* (1984), en la que José María Martín Sarmiento trata de encontrar el tono del *Decameron* aunque sin conseguirlo. El cine andaluz, que había comenzado en 1975 con *Manuela*, de Gonzalo García Pelayo, no logra hacerse con una identidad pese a *Rocío* (1980), de Fernando Ruiz Vergara, mirada crítica sobre esta célebre fiesta, y las producciones del propio García Pelayo (*Corridas de alegría*, en 1982 y *Rocío y José*, en 1983) y de Pilar Tavora (*Nanas de espinas*, en 1983).

2. CRISIS Y ESPERANZAS (1986-1994)

La salida de Pilar Miró deja al cine en una situación nunca hasta entonces conocida: una organización por fin sólida que cuenta con el consenso de todos los profesionales. En ese espíritu de continuidad asume el cargo Fernando Méndez-Leite prolongando la política llevada por su predecesora. No obstante, los efectos perversos de la Ley Miró se dejan sentir: casi el 70 % de las películas producidas en España se hacen con dinero público y todos los directores esperan lograr esta ayuda antes de lanzarse a la realización de una nueva obra. Esta «estatalización» provoca una especie de remolino que obliga a Méndez-Leite a presentar la dimisión en 1988. La llegada al ministerio de Cultura de Jorge Semprún (julio de 1988) y la de Miguel Marías (diciembre de 1989) a la dirección de Cinematografía provocan una reacción negativa en los medios profesionales. El decreto Semprún (27 agosto, 1989), que desea corregir los excesos de la Ley Miró volviendo a lanzar la iniciativa privada en el ámbito de la producción de películas —las ayudas del Estado sólo vendrán después—, consigue concentrar la unanimidad en su contra. Los profesionales se agrupan en CUINCA (Comité Unitario Interprofesional de la Cinematografía y lo Audiovisual), en torno a Juan Antonio Bardem. El 26 de enero de 1990 Miguel Marías es sustituido por Enrique Balmaseda al frente del ICAA (Instituto del Cine y de las Artes Audiovisuales) y en marzo Jordi Solé Tura ocupa el lugar de Semprún en el Ministerio de Cultura. En enero de 1992, Juan Miguel Lamet es nombrado director general de Cine en sustitución de Enrique Balmaseda. El nombramiento de Carmen Alborch, en julio de 1993, como ministra de Cultura, produce nuevos cambios como resultado del decreto de 10 de diciembre de 1993 que, como medida proteccionista, trata de resistir a la invasión del cine americano.

Durante este tiempo la crisis alcanza a todos los sectores de la industria cinematográfica. En 1990, la llegada de las televisiones privadas representa un nuevo peligro y la explotación retrocede seriamente ya que se pasa de 3.109 salas en 1985 a 1.802 en 1990. La tendencia general de la producción es a la baja hasta el punto de hacerse inquietante: 1986 (59 películas) — 1987 (61) — 1988 (63) — 1989 (47) — 1990 (42) — 1991 (66) — 1992 (35). Con el fin de luchar contra la crisis se toman medidas para combatir el fraude sobre el control de las taquillas y contra la creciente presencia del cine americano.

2.1. La historia como telón de fondo

La necesidad de evacuar los demonios franquistas había condicionado una buena parte de la producción española. Pero obras como *Demonios en el jardín* o *La vaquilla* anuncian una sensible evolución. La guerra y el franquismo siguen estando presentes en la notable tragicomedia *¡Ay, Carmela!* (1990), de Carlos Saura, en la que el autor salda por fin sus cuentas con ese pasado que le obsesiona. Adaptación de una obra de teatro de éxito dibuja el retrato de tres pobres diablos que pasan por el conflicto y cuyas convicciones se irán forjando en contacto con la realidad. En *El largo invierno* (1992), Jaime Camino cierra el ciclo abierto en 1976 con su *Las largas vacaciones del 36*. El largo invierno de que se trata es el que comienza con la dictadura franquista y que ve desgarrarse a una familia de la alta burguesía catalana mientras Barcelona cae en manos de los rebeldes. También es la Guerra Civil la que está en el centro de *A los cuatro vientos* (1987), de José Antonio Zorrilla, que hace del poeta humanista vasco Lauaxeta el elemento esencial de su relato. José Luis García Sánchez, a su vez, habla de historia en *La noche más larga* (1991) al evocar las últimas represiones y ejecuciones del franquismo en 1975.

Aunque estas y otras obras siguen insistiendo sobre un pasado que obsesiona a los españoles, lo cierto es que la historia se instala como un telón de fondo que acaba por no ser más que un simple decorado. Manuel Matji efectúa un primer quiebro con *La guerra de los locos* (1986), en la que el conflicto se ve a través de los ojos de unos enfermos que se han escapado del manicomio. El veterano Fernando Fernán Gómez describe con humor, en *Mambrú se fue a la guerra* (1986), el destino de un pobre hombre escondido desde el final de la guerra y que no se cree que el dictador ha muerto. Ese mismo año rueda una gran película sobre las gentes del teatro, *El viaje a ninguna parte:* una compañía itinerante de actores, coincidiendo con un cambio de época, se enfrenta a la creciente popularidad del cine en la España de los años cincuenta. Manuel Gutiérrez Aragón realiza su brillante *La mitad del cielo* (1986), que describe con maestría cómo en los años cincuenta una campesina llega a la ciudad y triunfa instalando un restaurante. La película obtiene la Concha de Oro del festival de San Sebastián. Históricas a tope son las dos comedias *Dragón rapide* (1986), de Jaime Camino, y *Espérame en el cielo* (1987), de Antonio Mercero, que encuentran su argumento en la figura del dictador; pero la historia deja su lugar a la anécdota, a lo humano: la vida privada del dictador en el primer caso y su misterioso «doble» en el segundo. Juan Echanove encarna el personaje de Franco en la película de Francisco Regueiro, *Madregilda* (1993). Este progresivo deslizamiento es cada vez más sensible de la misma manera que el tiempo transcurrido sirve para descargar de emoción los años del franquismo. Años que pasan a ser lugares de nostalgia a veces ligada a la infancia o a la adolescencia, como en el caso de *El año de las luces* (1987), de Fernando Trueba, en la que, en el año 1940, el joven Manolo descubre el amor en los brazos de María Jesús. El mismo Trueba, con un itinerario semejante, realiza la destacable *Belle Époque* (1992) en la que, con los dos mismos actores, Jorge Sanz y Maribel Verdú, construye una deliciosa y ágil comedia situada en los primeros años de la República española. La película ha recibido el *oscar* a la mejor película extranjera en 1994. La canción de época es también uno de los vectores esenciales para la evocación del pasado franquista: *Las cosas del querer* (1989), de Jaime Chávarri, es un brillante musical que rinde homenaje al cantante Miguel de Molina, perseguido por el régimen franquista por su homosexualidad. La sorprendente cantante Isabel Pantoja es la estrella de dos películas musicales muy bien recibidas por el público: *Yo soy ésa* (1990), del productor Luis Sanz y, sobre todo, *El día que nací yo* (1991), de Pedro Olea, que vuelve a la época de posguerra con un profesor de filología confinado en Cádiz por razones políticas y que redacta un diccionario de caló. Esta película ofrece a Olea la ocasión de retornar sobre temas para él muy queridos como son la sociedad española bajo el franquismo y el musical.

El retorno a la historia se dirige a veces hacia un período más antiguo: la sorprendente *La monja alférez* (1986), de Javier Aguirre, sobre la legendaria existencia de Catalina de Erauso o la austera *La noche oscura* (1988), de Carlos Saura, sobre San Juan de la Cruz.

Otras obras aceptan lecturas que establecen un paralelismo entre el pasado y la actualidad. La imagen de un poder demasiado adelantado para su tiempo es el tema de *Esquilache* (1988), de Josefina Molina Roig: el marqués de Esquilache, ministro de Carlos III, trata de imponer unas reformas pero topa con la mentalidad retrógada del pueblo. Alguien ha visto en ello una metáfora de la política del gobierno socialista. La figura del príncipe que no logra vivir su sexualidad es el argumento de una deliciosa comedia de Imanol Uribe, *El rey pasmado* (1991): el príncipe de la corona española trata desesperadamente de estar con su prometida en la intimidad pero se lo impiden los guardias, la Iglesia y la Corte en general. Lugar aparte merece Basilio Martín Patino que vuelve con una obra fascinante, *Madrid* (1987), interrogación sobre las relaciones que mantienen el pasado y el presente y sobre los riesgos que la creación y su libertad pueden acarrear a la historia establecida.

2.2. Pedro Almodóvar

Si Carlos Saura ha sido el cineasta del fin del franquismo y Gutiérrez Aragón el de la transición, Pedro Almodóvar merece el sobrenombre de mensajero de la España contemporánea. Su obra se construye a partir de las exageraciones de la movida[2]. Empleado de la Telefónica, autodidacta, rueda con sus amigos películas en super 8 o en 16 como *Folle...folle...fólleme...Tim* (1978). Su primera obra profesional, *Pepi, Luci, Bom y otras*

chicas del montón (1978-80), un film de culto, agrupa diversas historias y da el tono: *comic*, sexo, estética *underground*, humor... Un cóctel explosivo al que el autor da continuidad con *Laberinto de pasiones* (1982), su película menos lograda, y la espléndida *Entre tinieblas* (1983), en la que tres religiosas marginales de la orden de las Redentoras Humilladas mezclan droga, safismo y zoofilia en una atmósfera zurbaranesca. Estas tres primeras películas van levantando un eco en torno a su persona que aún no pasa de ser confidencial pese a que el número de sus incondicionales es ya numeroso. La crítica rechaza en bloque este fenómeno que no ha salido de su seno. Con *¿Qué he hecho yo para merecer esto?* (1984), el iconoclasta director responde a sus detractores elaborando un relato que se inscribe en un neorrealismo surrealista con la sórdida periferia madrileña como decorado. Esta obra maestra es también un primer paso hacia el reconocimiento y Almodóvar empieza a inspirar respeto. La muy estetizante *Matador* (1986) sigue en la onda de *Entre tinieblas*, pero el cineasta pierde algo de su humor con su intento de demostrar que es un director de talento, y el homenaje a *El imperio de los sentidos* (1976), de Nagisa Oshima, es tal vez demasiado forzado, pero esta meditación sobre los juegos del amor y de la muerte, en su dimensión hispánica y tauromáquica, quedará como un logro importante. Su película siguiente, *La ley del deseo* (1987), historia de amor y de muerte en el medio homosexual, es una obra barroca que

---

[2] Nombre con el que se designa al movimiento cultural de carácter posmoderno que ha imperado en España después del franquismo. *Movida* se opone, además, a *movimiento*, término utilizado para designar al conjunto de las fuerzas que aportaron su apoyo a Franco.

le inscribe en la tradición de los grandes creadores españoles. La película acaba con imágenes paroxísticas en las que Almodóvar muestra todo su talento al armonizar la escena de amor entre Pablo y Antonio sobre el bolero *Lo dudo*, de Los Panchos. *La ley del deseo*, convertida en película de culto de los gays americanos, conoce un enorme éxito de público y permite al cineasta montar su propia productora, El Deseo. El fenómeno, que no parece conocer límites, supera todas las previsiones con *Mujeres al borde de un ataque de nervios* (1988), el mayor éxito hasta hoy del cine español. La película es como una encerrona en la que el cineasta analiza las relaciones humanas y el desconcierto de sus personajes. No pasa nada y sin embargo estos seres, siempre al límite de su propia existencia, nunca consiguen caer definitivamente, como si su propia vida no tuviese sentido más que en esa eterna vacilación. La película es también, y sobre todo, un retrato de mujeres, ahora ya habitual en Almodóvar, en don-

de Carmen Maura encuentra su mejor papel mientras el director multiplica además sus guiños bajo la forma de referencias cinematográficas (al Cukor de *The Women* o al Hitchcock de *Rear Window* o *Psycho*). Sin salirse de lo que es su universo, el cineasta prolonga sus indagaciones y juega con sus fascinaciones en *¡Átame!* (1989) y *Tacones lejanos* (1991). La primera es una obra más optimista que su cine precedente y nos presenta, de nuevo, a unos seres desesperados que tratan de sobrevivir. La película, muy mal recibida en el Festival de Berlín, ha chocado a las feministas que han visto en ella la expresión de un machismo insoportable. En cuanto a *Tacones lejanos*, película contracorriente y audaz, vuelve al melodrama, una de las fuentes de inspiración del cine de Almodóvar. El estatuto de los objetos en la obra del «más grande cineasta manchego», como le gusta autodefinirse, es una de las claves esenciales: los teléfonos de *Mujeres...*, o los tacones de *Tacones lejanos*. Personaje

---

Foto fija número 9

UNA PLÉYADE DE ESTRELLAS

La década de los ochenta ha visto llegar a las pantallas a un grupo de nuevas estrellas que además han conseguido exportarse, fenómeno nuevo nunca conocido excepción hecha de algunos casos particulares como fueron los de Joselito, Luis Mariano o Sarita Montiel y el de algunos grandes actores como Fernando Rey.

Indudablemente hay un fenómeno Almodóvar y algunos actores le deben mucho; en primer lugar Carmen Maura, que ya tenía veinticinco películas en su activo cuando rueda *Pepi, Luci, Bom y otras chicas del montón*. Durante ocho años rodará casi todas las películas de Almodóvar hasta *Mujeres al borde de un ataque de nervios* que marcará su separación. Ella ha llevado después una carrera muy inteligente como lo prueban *¡Ay, Carmela!*, de Saura, o *Louis, enfant roi* (1993), de Roger Planchon. Victoria Abril, actriz muy intuitiva, ha sabido reorientar su carrera durante los años 80 convirtiéndose en la musa de Vicente Aranda (*El Lute, Si te dicen que caí, Amantes*) y más recientemente de Almodóvar (*Átame, Tacones lejanos, Kika*). Ángela Molina, hija del cantante actor Antonio Molina, también ha sabido salir de la península rodando para Alain Tanner (*L'Homme qui a perdu son ombre*) o para Christian de Challonge (*Le voleur d'enfants*); actriz igualmente intuitiva ha interpretado sus mejores papeles con Manuel Gutiérrez Aragón (*Demonios en el jardín*) y Jaime Chávarri (*Las cosas del querer*). Ana Belén empezó su carrera con un papel de niña estrella (*Zampo y yo*) y después ha intervenido en películas muy importantes (*La colmena, Demonios en el jardín*). Los hombres se exportan peor a excepción de Miguel Bosé, que tras su papel en *Tacones lejanos* ha participado en *La* *nuit sacrée*, de Nicola Klotz, *Mazzeppa* (1993), de Bartabas y *La Reine Margot*, de Patrice Chéreau, y Antonio Banderas que ha comenzado una carrera americana con *The Mambo Kings*, de Arnold Glimcher, tras ser uno de los actores fetiches de Almodóvar, que lo descubrió en *Laberintos de Pasiones*. Madonna no ha conseguido llevárselo a su cama pero lo encontramos en *In Bed with Madonna* (1991), de Alek Keshishian, y en *Philadelphia* (1993), de Jonathan Demme. Hay también grandes actores cuya carrera no ha salido de España, como es el caso de Imanol Arias, destacable en *La muerte de Mikel* y *El Lute*, o Eusebio Poncela, con una carrera apasionante, que ha participado en *La ley del deseo*, *El Dorado* o *El rey pasmado*.

---

central, el objeto adquiere la completa estatura del actor.

Almodóvar se ha ganado ya a sus conciudadanos (tres de sus películas figuran entre los mayores éxitos de todos los tiempos), y se ha convertido en un fenómeno que rebasa fronteras. Su última película, *Kika*, ha sido muy mal recibida por la crítica española y, sin embargo, se trata probablemente de una de sus mejores obras; nunca la mirada, el indecente *voyeurismo* de la cámara y los objetos había ido tan lejos. Se ha inspirado en los *reality shows* para realizar «la más arriesgada, ecléctica y original», —según su propia fórmula— de sus comedias.

2.3. El cine de comedia

Si se exceptúan algunas obras de Buñuel o de Berlanga, la comedia española apenas ha cosechado triunfos más allá de los Pirineos. Las razones probablemente son múltiples pero, a primera vista, habría que pensar que el humor es de difícil exportación y menos aún si funciona con el registro de la connotación. La comedia siempre ha sido un género muy estimado por los españoles y su cine así lo testimonia. A lo largo de estos últimos años, los cineastas han vuelto a fórmulas ya experimentadas y las innovaciones habría que buscarlas más bien del lado de Almodóvar o de la última comedia vasca.

La generación de los antiguos ci-

neastas no nos ha ofrecido muchas cosas nuevas. Desde hace un tiempo Luis García Berlanga ha sentado las bases de un cine fallero cuyo resorte, a veces mal comprendido, es el del humor valenciano. Después de *La vaquilla* no ha hecho más que dos películas, *Moros y cristianos* (1987), que cuenta la odisea de la familia Planchadell, especializada en la fabricación de turrón y que trata, en Madrid, de encontrar una nueva imagen de marca, y *Todos a la cárcel* (1993), nueva mirada ácida sobre los políticos corruptos. Aunque no se eche atrás ante el humor grotesco y grosero, su cine no ha perdido el buen ritmo. Fernando Fernán Gómez es otro veterano que, con humor, juega en el registro de la nostalgia en *Fuera de juego* (1991), donde unos viejos que retornan a la infancia le sirven de pretexto para prolongar su reflexión agridulce sobre la vejez y su exilio. El siempre sutil Jaime de Armiñán produce una obra espléndida, *Mi general* (1987), mirada llena de ternura sobre un mundo que desaparece: un grupo de militares, verdaderas momias, se reúnen para actualizar conocimientos y topan con la nueva generación. Los cineastas de los años setenta realizan en general un tipo de comedia frívola que busca lo esencial de sus trucos en recetas ya gastadas. Fernando Colomo conoce un verdadero éxito con *La vida alegre* (1987), donde aborda con humor los problemas de los centros de salud, y rueda en 1988 dos películas: *Miss Caribe,* cuya acción se sitúa sobre un barco de vapor transformado en lupanar (reutiliza una parte del material empleado por Saura para su *El Dorado*) y en *Bajarse al moro* (1989), muy coyuntural, evoca los problemas referentes al paso de droga desde el norte de África a España. Su cine se caracteriza por su habilidad para administrar adecuadamente unos toques de humor siempre bien dosificados. Con mucha mayor sutileza, Emilio Martínez Lázaro demuestra que es un gran autor con *El juego más divertido* (1987), obra llena de humor y de inventiva en la que dos amantes tratan en vano de hacer el amor mientras que en la película de la que son intérpretes deben hacerlo constantemente, y *Amo tu cama rica* (1992), comedia romántica especialmente bien lograda en la que lo cotiano y sus variaciones articulan el relato. José Luis García Sánchez recupera con *Hay que deshacer la casa* (1986) una obra de teatro de éxito sobre el reencuentro de dos hermanas tras muchos años de separación, y consigue una comedia muy lograda con *El vuelo de la paloma* (1989), sobre los espejismos del cine que hacen tambalear a la joven y hermosa protagonista que deja a su marido por un actor.

Estos últimos años apenas aportan novedades de interés a la comedia catalana y son casi siempre los cineastas consagrados los que se han aventurado por los mismos caminos. Ventura Pons vuelve a conseguir un cierto éxito con películas de ambiente como la excelente *La rossa del bar* (1986), en la que un hombre, por amor a una prostituta, se sumerge en un universo equívoco que no es el suyo, y *¿Qué te juegas, Mari Pili?* (1990), comedia frenética de gran éxito.

Francesc Bellmunt construye su obra con una gran coherencia: en *La radio folla* (1986) un presentador de radio, tras haber experimentado una extraña transfusión, tratará de transmitir su locura a los oyentes. El resto de la producción catalana no aporta gran cosa pese al erotismo deslizado en obras como *L'Escot* (1987), de Toni Verdaguer, con la hermosa brasileña Laura Conti.

Durante estos últimos años la parodia ha encontrado un nuevo vigor gracias a dos comedias de Álvaro Sáenz de Heredia con el dúo de cómicos Martes y Trece, *Aquí huele a muerto* (1990), sobre las películas de terror, y *El robobo de la jojoya* (1991), policiaca. La película de Carlos Suárez, *Makinavaja, el último choriso* (1992), es una divertida parodia de *The Wild Bunch,* de Sam Peckinpah, que se inspira en las historietas del *comic* que el humorista Ivá publicaba periódicamente en la prensa. Por último, la primera película producida y no realizada por Pedro Almodóvar, *Acción mutante* (1993), de Alex de la Iglesia, juega igualmente con la parodia del cine fantástico y de anticipación. En la primera fila de las revelaciones de los años ochenta hay que colocar a José Luis Cuerda y su devoción por los personajes marginales que la sociedad no consigue integrar: *El bosque animado* (1987) es una película complaciente en la que las creencias populares hacen de un pobre desgraciado una especie de fantasma lamentable. Su segunda película, *Amanece que no es poco* (1988), más surrealista, no sale de lo artificioso pese a algunos excelentes momentos. Con *La marrana* (1992) realiza una comedia sobre 1492 con dos pobres tunantes que tratan de embarcarse para América. La idea, original de entrada, se cambia en franca y chocarrera chanza sobre el registro del humor acumulativo y pesado. Su última obra, *Tocando fondo* (1993), evoca los problemas del empleo en tiempos de crisis. Andalucía contribuye a renovar el género gracias a Felipe Vega, excrítico, cuya película *Un paraguas para tres* (1992) es una amable variación sobre el tema del amor y sus azares donde tres personajes no acaban nunca de perderse para tener mejor ocasión de encontrarse. Hay que mencionar también *Ovejas negras* (1989), de José María Carreño, que maneja el humor negro en el universo de una escuela religiosa bajo el franquismo, y al asombroso *Krapatchouk, al este del desdén* (1992), de Enrique Gabriel Lipschutz, una comedia sobre el tema de los apátridas.

Pero es el cine vasco quien ha presentado a los dos directores más interesantes de estos últimos años. Enrique Urbizu, escoge deliberadamente la comedia con la sociedad vasca y sus inquietudes como telón de fondo. Así sobre un guión descabellado, *Todo por la pasta* (1991) cuenta la historia de una banda de ladrones que se matan entre sí por el cobro de un billete de lotería que, por lo demás, debe servir para pagar a unos mercenarios encargados por la policía para cometer un crimen. Pese a la violencia del propósito, la película está empapada de humor. En *La ardilla roja* (1993), Julio Medem ha llegado a construir un humor desbordado y personalísimo en el que lo irracional aparece a cada instante: el joven Jota trata de desenmarañar sus propios problemas cuando halla a una joven que ha tenido un accidente de moto y que ha perdido la memoria. A partir de esta estructura, el director nos sumerge en un mundo absolutamente surrealista que nos sorprende a cada instante.

2.4. Una cierta gravedad

A excepción de Luis García Berlanga, los veteranos del cine español no tienen un marcado gusto por la comedia y abordan en general temas cargados de cierta gravedad y escasamente teñidos de humor; parecen traducir, aparentemente al menos, un cierto desasosiego frente a la evolución de la sociedad.

Manuel Gutiérrez Aragón no ha conseguido volver a encontrar el tino con que logró tantos éxitos durante la transición. Su *Malaventura* (1988), rodada en Andalucía, región que no le es familiar, no responde a lo que se esperaba pese a su interesante reflexión sobre el destino. Su mejor trabajo lo realiza para la televisión: la memorable adaptación de *Don Quijote* (1991), con Fernando Rey en el papel estelar.

Mario Camus tampoco parece pasar por sus mejores horas al hacer *La casa de Bernarda Alba* (1987), adaptación académica a bastantes leguas de distancia del universo ardiente de Lorca. *La rusa* (1987), adaptación de la novela de Juan Luis Cebrián, director que fue de *El País,* es una obra anticuada, llena de clichés y de tics. Con su última película, *Sombras en una batalla* (1993), aborda con rara inteligencia el delicado problema del terrorismo de ETA.

Cineasta más discreto, Antonio Giménez Rico es un autor que habrá que volver a descubrir. Sus comienzos, a veces vacilantes, han dejado su lugar a obras siempre importantes. Su *Retrato de familia* (1976), sobre el texto de Miguel Delibes *Mi idolatrado hijo Sisí,* es una crónica de la Guerra Civil vista desde el lado franquista. En 1983 rueda *Vestida de azul,* un fascinante documental sobre el mundo de los transexuales. Durante estos últimos años ha rodado tres obras dignas que son otras tantas miradas sobre la conservadora sociedad española. *El diputado voto del Señor Cayo* (1986), también sobre una novela de Delibes, en la que Paco Rabal hace una interpretación memorable, traza el retrato de una España rural en la que las tensiones de orden político condicionan la vida de los campesinos. *Jarrapellejos* (1987) evoca la omnipotencia de un terrateniente de principios de siglo cuyo despotismo permitirá que su sobrino no sea acusado de la violación y asesinato de una madre y su hija, de lo que es culpable. *Soldadito español* (1988), es, a su vez, una mirada severa sobre una de las principales instituciones españolas: el ejército. Parece haber reorientado su carrera con dos melodramas románticos: *Catorce estaciones* (1991), que rinde homenaje al cine de otros tiempos y al *thriller*, y *Tres palabras* (1993) que, con Maribel Verdú, es una historia de amor con fondo de bolero.

Vicente Aranda ha adquirido la estatura de un clásico a lo largo de estos últimos años. A partir de 1986 sus obras maestras se han multiplicado. En estos años adapta con gusto *Tiempo de silencio*, la mítica novela de Luis Martín Santos, de clima existencialista y cuya acción se sitúa esencialmente en los barrios bajos y en los poblados de chabolas del Madrid de la dictadura franquista. Considerada como inadaptable, sin embargo la obra da lugar a una película especialmente bien narrada, sobre todo en su primera parte. El díptico *El Lute, camina o revienta* (1987) y *El Lute II, mañana seré libre* (1988), según la autobiografía de Eleuterio Sánchez «El Lute», célebre bandido, subraya su gran capacidad para construir historias jadeantes, llenas de hallazgos narrativos, que son otros tantos retratos de la Es-

paña franquista. Esta última aparece como decorado de fondo en *Si te dicen que caí* (1989), destacada adaptación de la difícil novela de Juan Marsé sobre los sueños de los niños de posguerra que se inventan mentiras, las *aventis*, para escapar a la realidad que Conchita Piquer adorna con su canción *A la lima y al limón*. Realiza una verdadera obra maestra a partir de un hecho real, *Amantes* (1991), donde retorna sin cesar a sus obsesiones: el erotismo, la mujer, la pareja y las relaciones sadomasoquistas. A partir de un trío de actores destacados construye un relato que nos conduce al paroxismo. Por tercera vez adapta una obra de Juan Marsé, *El amante bilingüe* (1993), y vuelve al tema del trío amoroso en *Intruso* (1993), con sus actores fetiches Victoria Abril e Imanol Arias. Su sentido del relato y la calidad de sus guiones hacen que su obra sea uno de los mayores acontecimientos del cine contemporáneo.

El catalán José Juan Bigas Luna prosigue explorando de manera metódica las zonas oscuras del ser humano. En 1987 rueda un *thriller* agobiante, *Angustia*, variación sobre la ilusión cinematográfica y sus abismos. Con la adaptación de la novela de Almudena Grandes, *Las edades de Lulú* (1990), vuelve a interrogarse sobre los mundos subterráneos de los fantasmas y los deseos sexuales inconfesables. *Jamón, jamón* (1992) es su obra más acabada: allí explora nuevamente los deseos y las extrañas relaciones que se instauran entre el ser humano y el animal. *Huevos de oro* (1993), menos lograda, se inscribe en la misma línea, colaborando otra vez con Cuca Canals, guionista de *Jamón, jamón*, y con Javier Bardem, principal actor en el papel de un arribista sin escrúpulos.

Víctor Erice continúa con su muy personal obra con una pieza maestra, *El sol del membrillo* (1992), una larga reflexión sobre la creación pictórica y la muerte con el pintor Antonio López.

2.5. Un cine extravertido

Los años ochenta han permitido un deslizamiento nada despreciable en los temas de los realizadores. Si la transición estuvo marcada por la necesidad de un retorno sobre uno mismo, los directores reorientan ahora sus obras hacia problemas más internacionales y más capaces de interesar a un público no hispano. En este sentido, las autonomías han sabido abandonar, con inteligencia, sus obsesiones por ser ombligos del mundo para pasarse aceptablemente hacia un cine de comunicación.

Foto fija número 10

LOS GRANDES ÉXITOS DEL CINE ESPAÑOL

(en millones de pesetas) (1993)

1.	*Mujeres al borde de un ataque de nervios* (1988)	1.164
2.	*Tacones lejanos* (1991)	868
3.	*Belle époque* (1992)	771
4.	*El robobo de la jojoya* (1991)	553
5.	*La vaquilla* (1985)	527
6.	*Los santos inocentes* (1984)	523
7.	*Átame* (1989)	508
8.	*Aquí huele a muerto (Pues yo no he sido)* (1990)	503
9.	*Yo soy ésa* (1990)	472
10.	*El crimen de Cuenca* (1981)	461
11.	*Kika* (1993)	434
12.	*El Lute, camina o revienta* (1987)	430
13.	*La guerra de papá* (1977)	361
14.	*Sé infiel y no mires con quién* (1985)	354
15.	*Las edades de Lulú* (1990)	344
16.	*La colmena* (1982)	342
17.	*Por qué lo llaman amor cuando quieren decir sexo* (1993)	323
18.	*Ay Carmela* (1990)	318
19.	*Las bicicletas son para el verano* (1984)	312
20.	*Cristóbal Colón, de oficio descubridor* (1982)	287

En Cataluña, el más original y sorprendente es sin duda Agustí Villaronga, que comienza una carrera apasionante con *Tras el cristal* (1986), obra importante sobre un tema especialmente fuerte: las relaciones sadomasoquistas entre un antiguo nazi y un adulto a quien el primero ha torturado cuando éste no era más que un niño. Al margen de la violencia de las imágenes, a veces insostenible, compone un relato sobre la reclusión con una escritura cerrada en la que los sucesivos enclaustramientos encajan unos en otros sin ninguna salida posible. Su siguiente película, *El niño de la luna* (1989), presentada en Cannes, nos sumerge en un universo maravilloso y agitado en el que evoluciona un muchacho. Hay en Villaronga un tono nuevo que rompe con la casi siempre conformista producción catalana de la que, sin embargo, cabe retener *El viento de la isla* (1987), una importante *opera prima* de Gerardo Gormezano rodada en las Baleares y situada a mitad del siglo XVIII. El cine andaluz sigue buscando sin encontrarse, pese a los inicios prometedores de Juan Sebastián Bollaín con *Las dos orillas* (1987), sobre un escritor que retorna a Sevilla con la esperanza de vivir en una barcaza del río, o la obra de Felipe Vega. Pero el cine más rotundo es el del País Vasco, de un vigor digno de destacar. Con tres películas, Montxo Armendáriz se ha convertido en un clásico. Tras la muy lograda *Tasio* (1984), rueda *27 horas* (1986), una obra desesperada sobre la situación de los jóvenes en un País Vasco inmerso en la violencia de los atentados y de los traficantes de droga. Con *Las cartas de Alou* (1990) sin renunciar a su mirada social se ocupa del delicado problema de los inmigrantes negros de África en España. El clima de violencia está también presente en *Ander eta Yul* (1988), de la realizadora Ana Díez, una película que describe con sensibilidad las relaciones entre dos amigos en Euskadi. La primera película de Julio Medem, *Vacas* (1992), es una hermosa pintura de tres generaciones de vascos en cuatro momentos (1875, 1905, 1915 y 1936). Pero la gran revelación de estos últimos años es, sin lugar a dudas, Juanma Bajo Ulloa, que ya con su primer trabajo, *Alas de mariposa* (1991), consigue la Concha de Oro en San Sebastián. Esta fascinante película describe los nexos madre/hija como nunca antes se habían filmado. Su última producción, *La madre muerta* (1993), gira en torno a las depravadas relaciones que conducen al enclaustramiento y a la muerte. De una manera general, la tentación de mirar hacia fuera se ejerce ante todo hacia aquellos países con los que España mantiene buenos lazos culturales. América Latina interesa de nuevo a Saura: vuelve a utilizar el personaje de Lope de Aguirre, ya tratado magistralmente por Werner Herzog en *Aguirre, la cólera de Dios* (1973), y rueda una obra lenta, *El Dorado* (1987), un amplio fresco sobre la conquista que consigue encontrar un «tempo» muy justo. Ello no le impide el retorno a otras fuentes de inspiración, como por ejemplo la música andaluza, en la última entrega de su trilogía consagrada a la danza, *El amor brujo* (1986), que fascina por su plástica, y en el destacado trabajo que constituye *Sevillanas* (1992). Tras su película de encargo sobre los juegos olímpicos, *Marathon* (1993), rueda *¡Dispara!* (1993), en la que el destino y la violencia dictan la conducta de los personajes. Además de *El niño de la luna,* el mundo árabe ejerce igualmente una atracción que se ha ido abriendo paso durante estos últimos años, como en el caso de *Luna de agosto* (1985), de Juan Miñón, *Danya* (1987), de Carles Mira, y la hermosa obra de Jaime Oriol y Antonio Taruella, *Al Andalus* (1988), sobre la vida del legendario Abderramán.

El cine de Gonzalo Suárez siempre se ha orientado hacia temas no específicamente hispanos. Muy interesado por otras culturas, ha presentado dos obras importantes, *Remando al viento* (1987), que evoca la vida del poeta Shelley, de su esposa Mary y de Lord Byron, y *Don Juan en los infiernos* (1991), donde volvemos a encontrar su gusto por lo literario y su fascinación por el mundo anglosajón que se convierte en el trasfondo de sus películas.

Pilar Miró, por su parte, también siente la necesidad de mirar hacia afuera y vuelve con una obra llena de delicadeza, *Werther* (1986), que es una transposición a la España de hoy de la obra maestra de Goethe. Su *Beltenebros* (1991), destacada adaptación de la novela de Antonio Muñoz Molina, es una coproducción que remite a la época de la posguerra con Terence Stamp y Patsy Kensit en los principales papeles. *El pájaro de la felicidad* (1993) es una reflexión sobre la soledad y el silencio.

Esta atracción por temas más europeos volvemos a encontrarla también en *Berlín Blues* (1988), de Ricardo Franco, que es una reflexión, hoy obsoleta, sobre las dos Alemanias y el muro siniestro, y en *El sueño del mono loco* (1989), en la que Fernando Trueba adapta una novela de Christopher Frank con gran habilidad. Tal vez lo que haya que ver en esta nueva orientación del cine español es su deseo de exportarse mejor o de llegar a realizar películas que no sólo miren constantemente hacia dentro sino que sepan hablar a otros pueblos.

Pariente pobre del cine europeo, la cinematografía española ha tenido que soportar la censura de la dictadura pero también la otra, más sutil, de una *intelligentsia* que, al condenar al régimen, llena de oprobios la expresión cultural de un pueblo. La bocanada de aire fresco que ha supuesto la llegada de la democracia constituye un innegable triunfo para el cine español. Por fin es reconocido por lo que es: una cara esencial de la cinematografía mundial. Pero reconocer no es conocer y aunque los recientes éxitos de *Tacones lejanos* o de *Jamón, jamón* indican que hoy es capaz de exportarse, siempre es de temer que unas pocas producciones puedan ocultar una variedad y una riqueza desconocidas. Habrá que hacer muchas más retrospectivas y más ciclos en las televisiones del mundo para que este cine pueda entrar al fin en la corte de los grandes.

BIBLIOGRAFÍA

AGUILAR, Carlos y GENOVER, Jaume, *El cine español en sus intérpretes*, Madrid, Verdoux, 1992. Único diccionario disponible sobre los actores del cine español.

AGUILAR, Carlos, *Guía del video-cine*, Madrid, Cátedra, 1990 (diversas ediciones). Guía del cine mundial que concede una importante parte al cine español gracias a unas muy sucintas fichas. Puesto regularmente al día.

CAPARRÓS LERA, J.M., *El cine español de la democracia*, Barcelona, Anthropos, 1992. Recorrido diacrónico del cine español de la democracia que estudia con minuciosidad la evolución de la producción.

Cine español (1896-1988), Madrid, Ministerio de Cultura, 1989. Obra colectiva sobre el cine español realizada por los mejores especialistas.

Cine para leer, Mensajero, Bilbao (anual). Desde 1972 esta anuario, especie de «temporada cinematográfica», propone fichas críticas sobre las principales películas aparecidas durante el año. El cine español está especialmente comentado.

FONT, Domènec, *Del azul al verde*, Barcelona, Avance, 1976. Uno de los más pertinentes estudios sobre el cine franquista.

GÓMEZ RUFO, Antonio, *Berlanga contra el poder y la gloria*, Madrid, Temas de Hoy, 1990. Principal y última biografía sobre Luis García Berlanga.

GUBERN, Román y FONT, Domènec, *Un cine para el cadalso*, Barcelona, Euros, 1975. Estudio detallado sobre el papel de la censura durante el franquismo.

GUBERN, Román, *El cine sonoro en la Segunda República*, Barcelona, Lumen, 1977. Obra sobre el cine realizada durante la Segunda República Española.

HOPEWELL, John, *El cine español después de Franco (1973-1988)*, Madrid, El Arquero, 1989. Estudio sistemático del cine español de la democracia.

LARRAZ, Emmanuel, *Le Cinèma espagnol des origines à nos jours*, París, Les Éditions du Cerf, 1986. Primera obra francesa consagrada a la historia del cine español sobre la que propone un preciso recorrido diacrónico.

LLINS, Francisco, *Directores de fotografía del cine español*, Madrid, Filmoteca Española, 1989. Estudio minucioso y sistemático sobre los operadores del cine español.

OMS, Marcel, *La Guerre d'Espagne au cinéma*, París, Les Éditions du Cerf, 1985. Estudio del cine consagrado a la guerra de España: documentales de la época y películas posteriores que inciden sobre el mismo tema.

PORTER-MOIX Miquel, *Història del cinema a Catalunya*, Barcelona, Departement de Cultura de la Generalitat de Catalunya, 1992. Historia del cine catalán desde sus orígenes hasta nuestros días (disponible sólo en catalán) por un buen conocedor de la cuestión.

SÁNCHEZ VIDAL, Agustín, *El cine de Carlos Saura*, Zaragoza, Caja de Ahorros de la Inmaculada, 1988. Última obra importante sobre Carlos Saura.

SÁNCHEZ VIDAL, Agustín, *Luis Buñuel, obra cinematográfica*, Madrid, J.C., 1984. Uno de los mejores estudios sobre Luis Buñuel.

TORRES, Augusto M., *Diccionario del cine español*, Madrid, Espasa Calpe, 1994. Excelente obra de síntesis sobre el cine español.

VIDAL, Nuria, *El cine de Pedro Almodóvar*, Barcelona, Destino, 1989. Primera obra que realiza una síntesis del cine de Almodóvar.

ZUNZUNEGUI, Santos, *El cine en el país vasco*, Diputación Foral de Vizcaya, 1985. Obra de síntesis sobre el cine vasco por un especialista en el tema.

COLECCIÓN FLASH